Ob am Strand, in der f...
in einem bequemen
viel Spass beim Lese...

Mistkäfer Roland und die Weltmeisterschaft

Text und Bilder

Jordi Juanós

Impressum

Mistkäfer Roland und die Weltmeisterschaft
Jordi Juanós

1. Auflage, Januar 2018

ISBN: 978-3-7450-8634-8

Verlag: Jordi Juanós Solé, Brandgrubenstrasse 5, 8610 Uster

Lektorat/Korrektorat/Satz: Sandra Schmidt; www.text-theke.com
Umschlaggestaltung/Coverbild: © Jordi Juanós Solé
Bilder im Innenteil: © Jordi Juanós Solé
Druck: epubli – ein Service der neopubli GmbH, Berlin

Mehr vom Autor unter www.enjordi.com

Bibliografische Information der Deutschen Nationalbibliothek. Die Deutsche Bibliothek verzeichnet diese Publikation in der Deutschen Nationalbibliografie; detaillierte bibliografische Daten sind im Internet unter www.dnb.ddb.de abrufbar.

Inhaltsverzeichnis

Für

Charlie, Ronja, Tim und Alexiane

Kapitel 1

Der Besucher

Roland geht hinaus in den frischen, sonnigen Morgen, um eine prächtige Kugel zu rollen – so wie jeden Tag. Roland ist nämlich ein Mistkäfer, und das Rollen von Kugeln ist sein Beruf und seine Leidenschaft. Er liebt es, die Kugeln perfekt rund zu machen, damit sie sanft und schnell rollen.

Das ist gar nicht einfach. Die meisten Mistkäfer im Dorf schaffen nur Kugeln, die buckelig oder etwas eierförmig sind. Diese rollen dann gar nicht schön. Sie rollen nicht mal geradeaus, sondern drehen nach links und rechts ab, und man muss aufpassen, dass man sich damit nicht über die eigenen Füße fährt. Aber Roland weiß eben genau, welches Material man wie verwenden muss. Ob hart, grob, klebrig oder fettig – es gibt so viele Dinge zu beachten. Außerdem muss man auch wissen, an welcher Stelle man es findet. Dazu beobachtet Roland ständig die Tiere in seiner Umgebung. Er schaut, was sie essen, und merkt sich, wohin sie ihre Häufchen machen.
Roland wohnt in einem schönen Dorf bei einem hoch gewachsenen Kastanienbaum. Es heißt Kastanietta und es ist das größte auf dieser Seite des Waldrands. Es ist eigentlich fast schon eine kleine Stadt.
In Kastanietta leben alle möglichen Tiere. Zuoberst auf dem Wipfel hat zum Beispiel der Storch Fläsch Wallon sein Nest gebaut.

Ganz unten zwischen den Wurzeln wiederum haust die kleine Wühlmaus Wülli.
Wülli ist ein etwas seltsamer Name. Die meisten denken, es sollte „Willi" heißen, mit „i" und nicht „Wülli" mit „ü". Sie denken, Wülli würde seinen Namen nur etwas undeutlich aussprechen. Dann erklärt er, dass das „Ü" von „wühlen" kommt, da er schließlich wühlen kann wie kein Zweiter.
Es leben noch viele weitere Tiere in Kastanietta, aber in dieser Geschichte werden nicht alle vorkommen. In dieser Geschichte kommen aber eine Menge Mistkäfer vor.
Jetzt müssen wir unbedingt zurück zu Roland. Der erlebt schon bald ein großes Abenteuer. Davon ahnt er allerdings noch nichts.
Es ist fast Mittag geworden und Roland hat auch heute wieder ein außerordentlich schönes Exemplar von Kugel zusammengekleistert. Dazu hat er viel Reh-, ein bisschen Igel- und zur Verfeinerung sogar einen Schuss Taubenmist verwendet. Jetzt ist es Zeit geworden, um nach Hause zu gehen.

Die Kugel muss in die kühle Vorratskammer und Roland muss etwas essen.
Die Kugel ist wieder so rund und glatt geworden, dass sie fast von alleine rollt. Beim letzten Stück des Heimwegs muss Roland gut aufpassen, damit sich die Kugel nicht alleine davonmacht. Der Weg führt nämlich einen steilen Hang hinunter und er muss die Kugel deshalb ständig abbremsen.
Als er schon fast zu Hause angekommen ist, entdeckt er, dass vor seiner Tür jemand steht und offenbar auf ihn wartet. Er sieht, dass es ein kleiner, gebückter Käfer mit dünnen Beinchen ist. Das ist bestimmt Onkel Kubus.
Onkel Kubus ist ein netter, alter Mistkäfer. Leider hört er inzwischen nicht mehr so gut. Er ist aber immer gut gelaunt und lacht viel. Das findet Roland ganz toll und deshalb freut er sich immer über seine Besuche.
Allerdings kommt er üblicherweise erst am Abend, wenn Roland mit der Arbeit fertig ist. Es muss sich heute deshalb bestimmt um etwas Dringendes und Wichtiges handeln.

Roland ist neugierig und lässt die Kugel deshalb etwas schneller den Hang hinunterrollen. Die Kugel ist fast doppelt so hoch wie er und ordentlich schwer. Er muss gut aufpassen, damit … Zack! Zu spät.
Da ist es schon passiert. Roland ist über einen Kiesel gestolpert und die Kugel entgleitet ihm. Er springt sofort wieder auf die Füße und wetzt der Kugel nach. Die hat aber bereits richtig Fahrt aufgenommen und einen ziemlichen Vorsprung.

Roland rennt, was seine Beine hergeben. Er lugt an der Kugel vorbei und stellt mit Schrecken fest, dass sie direkt auf Onkel Kubus zudonnert. Dieser steht ahnungslos da und schaut den Hang hinunter. Oder besser gesagt: Er stand da. Die Kugel ist voll über ihn hinweggerollt und hat ihn mitgenommen. *Schreck lass nach!*, denkt Roland und sprintet weiter hinter der Kugel und dem jetzt an der Kugel klebenden Onkel her.

Diese rollt inzwischen nicht mehr so rund. Sie macht an der Stelle mit Onkel Kubus dran immer einen kleinen Hüpfer. Als wenn er sie dadurch steuern könnte, dreht die Kugel zur Seite ab. Mit vollem Tempo prallt sie an den Stamm des großen Kastanienbaums. Die Kugel zerplatzt und die Einzelteile fliegen in alle Richtungen. Nur Onkel Kubus bleibt kopfüber an den Baumstamm gepresst hängen und schaut, wie die vielen Kugelstücke um ihn herum auf den Boden regnen.

Als Roland mit hochrotem Kopf und völlig außer Atem bei ihm ankommt, lächelt Onkel

Kubus schief und sagt: „Das war eine tolle Kugel, Roland, die rollte richtig schnell."
Onkel Kubus ist super, findet Roland.

Schon bald ist der Onkel wieder geputzt und gekämmt und sitzt gemütlich in Rolands Wohnzimmer. Er hat zur Stärkung Wasser und ein Stückchen einer roten Beere von Roland bekommen.
Verträumt kaut er darauf herum, als Roland, der schon die ganze Zeit fast vor Neugierde platzt, ihn fragt: „Onkel Kubus, ich freue mich, dass du heute zu Besuch gekommen bist. Aber wieso kommst du denn so ungewöhnlich früh?"
Onkel Kubus ist ganz ins Essen seiner Beere vertieft, und weil er nicht gut hört, hat er erst zum Schluss bemerkt, dass Roland mit ihm spricht.
„Hä? Ja, ja. Die Beere ist wirklich gut", antwortet er und nimmt noch einen großen Bissen.
„Das freut mich sehr", antwortet Roland geduldig. Dann fragt er nochmals, diesmal

aber etwas lauter als zuvor: „Warum bist du denn hier? Ist etwas passiert?“
Onkel Kubus kaut und schaut Roland dabei eine Weile aufmerksam an. Dann antwortet er: „Nein, danke, Roland. Eine Beere ist genug.“
Der Aufprall hat sein Hörvermögen wohl nicht gerade verbessert, denkt Roland.
Er muss jetzt aber wissen, was los ist. Er fragt nochmals. Diesmal redet er ganz langsam und sehr laut: „Ist etwas passiert, dass du schon zur Mittagszeit vorbeikommst?“
Jetzt legt Onkel Kubus den kleinen Rest der Beere beiseite, wischt sich den Mund ab und antwortet: „Lass uns nicht länger über Beeren reden, es gibt etwas Wichtiges zu erzählen.“
Roland atmet auf und hört aufmerksam zu.
„Du weißt ja, dass sich hinter der kleinen Lichtung, am Fuße des großen Walnussbaums, das Dorf Grönoble befindet. Na ja, was heißt großer Walnussbaum? Unser Kastanienbaum ist natürlich viel größer und schöner, als dieser windschiefe Walnussbaum. Aber die Bewohner von Grönoble

wissen es ja nicht besser oder sie wollen es nicht wahrhaben. Egal. Jedenfalls trafen sich gestern, wie jeden Monat, die ältesten Käfer der beiden Dörfer auf der Lichtung zum Abendessen und sie erzählten sich wie üblich Geschichten aus ihren Dörfern. Natürlich wird dabei vieles übertrieben oder sogar erfunden. Jeder will den anderen mit seiner Geschichte übertrumpfen. Diesmal brach am Ende leider ein fürchterlicher Streit aus. Es ging darum, in welchem der beiden Dörfer die besseren Käfer wohnen."

Roland wundert sich kurz, worüber sich Käfer alles streiten können, behält das aber für sich.

„Also, diese käfrigen Käfer aus Grönoble haben sogar behauptet, dass ihr Hans der beste Kugelbauer der Welt ist und schönere und größere Kugeln rollen kann, als der beste Mistkäfer aus Kastanietta – also besser als du, Roland. Ha! Das gab vielleicht ein Geschrei! Kannst du dir das vorstellen? Der Hans kann ja nicht mal seine eigenen Popel richtig drehen."

Onkel Kubus lacht laut über seine eigene Bemerkung.
Roland schüttelt nur den Kopf und fragt sich: *Was soll das? Die können drüben in Grönoble ja behaupten, was sie wollen. Mich stört das nicht weiter. Mich kümmern nur meine Kugeln, und die anderen Käfer sollten sich besser auch nur um ihre Arbeit kümmern.*
Onkel Kubus lacht immer lauter und hat schon einen hochroten Kopf bekommen. Roland weiß nicht recht, ob er sich deswegen Sorgen machen sollte, als Onkel Kubus sich plötzlich wieder beruhigt und einfach mit seiner Geschichte fortfährt: „Und da hat unser Ältester – du kennst ja Bürgermeister Doktor Botscha – zu ihnen gesagt: Wenn ihr denkt, ihr wärt besser als wir, dann lasst uns eine Wette abschließen. Das Dorf, das in einer Woche die größere Kugel baut, hat gewonnen und ist Weltmeister."
Roland schüttelt erneut den Kopf. „Wieso Weltmeister, wenn doch nur Grönoble und Kastanietta mitmachen?"

Onkel Kubus überhört diese Frage. Also fährt Roland fort: „Wer hat denn Zeit und Lust, eine riesige Kugel zu bauen? Die ist doch zu gar nichts nütze. Man kann sie nicht mal in eine Vorratskammer rollen, weil eine so große Kugel durch keine Türe passt."
Onkel Kubus klopft sich auf die Schenkel. „Genau! Also, Roland, du verhilfst Kastanietta mit deinem Können doch zum Sieg?"
Roland braucht nicht lange zu überlegen. „Nun, ich wünsche euch viel Erfolg bei eurer Weltmeisterschaft, aber ich mache bestimmt nicht mit bei diesem Unfug."
Onkel Kubus schaut Roland unbewegt an. Dann hebt er kurz die linke Augenbraue. Roland fragt sich, ob Onkel Kubus ihn verstanden hat. Er hat zwar sehr laut und deutlich gesprochen, aber man weiß ja nie.
Schließlich steht Onkel Kubus auf und legt Roland die Hand auf die Schulter.
„Danke, Roland. Ich wusste, du lässt uns nicht im Stich."
Roland stutzt kurz, dann widerspricht er: „Sehr wohl! Ich mache ja gar nicht mit!"

Doch Onkel Kubus hat sich bereits umgedreht und ist auf dem Weg zur Tür.
„Wir treffen uns in einer Stunde am großen Wurzelbogen. Schließlich dürfen wir keine Zeit verlieren. Der Wettkampf findet schon in einer Woche statt."
Dann tritt er durch die Tür und ist verschwunden. Roland bleibt ungläubig zurück.

Knapp eine Stunde später macht Roland sich auf den Weg zum großen Wurzelbogen. Er will allen klarmachen, dass er zwar sehr froh darüber ist, dass man ihn für eine so wichtige Aufgabe angefragt hat, dass er im Moment aber leider keine Zeit für Weltmeisterschaften hat. Er muss nämlich seine Vorratskammer füllen.
Als er den großen Wurzelbogen zu sehen bekommt, fällt ihm auf, dass sich da bereits sehr viele Käfer versammelt haben. Mittendrin erkennt Roland auch Onkel Kubus, der lächelt und ihm von Weitem zuwinkt. Onkel Kubus hört zwar schlecht, hat aber offenbar Augen wie ein Falke.
Plötzlich ruft irgendein Käfer ganz laut: „Seht her, Roland ist da!“
Alle schauen zu Roland, dann brechen sie plötzlich in lauten Jubel aus, und die Käfer rufen im Chor seinen Namen: „Roland! Roland! Roland!“
Es scheint, als wollten sie gar nicht mehr damit aufhören. Im Gegenteil, viele begin-

nen auch noch, rhythmisch in die Hände zu klatschen. Roland wird ganz verlegen.
Dann tritt Bürgermeister Doktor Botscha aus der Gruppe hervor. Er setzt sein breitestes Lächeln auf und umarmt Roland ganz fest. Dann zeigt er den Käfern mit einer Handbewegung, sie mögen doch bitte innehalten und zuhören.
Doktor Botscha hält Roland mit ausgestreckten Händen an den Schultern und spricht halb zu ihm und halb zu den anderen Käfern gewandt: „Roland, wir sind sehr froh, dass du dich bereit erklärt hast, diese Aufgabe zu übernehmen. Wir wissen, dass wir mit dir – und nur mit dir – den Sieg über die käfrigen Käfer aus Grönoble davontragen werden."
Einige Käfer können sich nicht mehr zurückhalten und jubeln erneut los, beruhigen sich aber schnell wieder, damit sie Rolands Antwort nicht verpassen.
Doch Roland schweigt. Er ist unsicher geworden. Er schaut in die Gesichter der Käfer und merkt, wie sehr alle darauf hoffen, mit

seinem Können die Käfer aus Grönoble besiegen zu können.
Roland senkt seinen Blick zum Boden und seufzt. Dann blickt er Doktor Botscha in die Augen und sagt laut, damit alle es hören: „Wir werden es diesen käfrigen Käfern aus Grönoble zeigen. Wir werden die größte Kugel der Geschichte bauen und damit Weltmeister werden!“
Alle Käfer brechen in lauten Jubel aus, klatschen begeistert und einige stampfen sogar mit den Beinen. Doktor Botscha greift eine Hand von Roland und hebt sie in die Höhe, als hätten sie bereits gewonnen, und die Käfer rufen wieder alle im Chor: „Roland! Roland! Roland!“
Und Roland beginnt plötzlich zu lachen, weil er das so schön findet. Er winkt den Käfern zu, als wäre alles geritzt. Doch in Wirklichkeit hat er keine Ahnung, wie er diese Weltmeisterschaft gewinnen soll.

Kapitel 2

Die Idee

Kurze Zeit später sitzen Roland, Doktor Kubus, Doktor Botscha und seine zwei Zwillingssöhne Dreher und Kleber zusammen um ein kleines Lagerfeuer und besprechen das weitere Vorgehen. Roland erklärt, dass man für eine so große Kugel ganz speziellen Mist braucht. Sonst würde die Kugel ab einer bestimmten Größe wieder auseinanderfallen. Für eine sehr große Kugel braucht man Mist von einem sehr großen Tier. Aber in der Umgebung des Kastanienbaums gibt es kein richtig großes Tier. Da ist höchstens der Fuchs Semmelrogge, der in letzter Zeit aber nicht viele Häufchen macht. Vom Reh gibt es auch nicht genug Material.

„Wir brauchen ein sehr großes Tier“, bekräftigt Roland und alle legen den Kopf in die Hände und überlegen und überlegen ... Bis Onkel Kubus sich plötzlich kerzengerade aufrichtet.

„Ich kann mich erinnern, dass unser Freund, der Storch Fläsch Wallon, einmal eine Geschichte erzählt hat, bei der er auf einer seiner vielen, weiten Reisen einem sehr großen Tier begegnet ist. Er hat erzählt, das Tier ist so groß, dass es sogar zwei Schwänze hat – einen vorne und einen hinten."

Roland und die Botschas machen große Augen.

„Und stellt euch vor: Am Kopf hat er zwei federlose Flügel."

Alle sind verblüfft und Doktor Botscha beschließt: „Wir gehen zum Storch und bitten ihn, uns zu helfen! Er will ja sicher auch, dass die Käfer aus Kastanietta Weltmeister werden. Schließlich wohnt er das halbe Jahr über hier."

Doktor Botscha ruft den schnellsten aller Käfer zu sich, das Mädchen Anna Bolika. Er bittet sie, den Kastanienbaum hochzuklettern bis zum Wipfel, um dort den Storch Fläsch Wallon in ihrem Namen einzuladen.

„Das mache ich schneller, als ihr schlucken könnt", antwortet Anna und rennt los, den dicken Baumstamm hinauf.

Roland, Doktor Botscha, Onkel Kubus, Kleber und Dreher schauen zum Wipfel hoch, wo sie die Umrisse des Storchs in seinem Nest erkennen können.
Schon nach kurzer Zeit bemerken sie, wie er anfängt, sich zu bewegen. Er breitet seine weiten Flügel aus, hebt ab und gleitet in schwungvollen Kurven zu ihnen herunter. Als er neben ihnen landet, staunt Roland, als er sieht, wie groß der Vogel ist, und er fragt sich insgeheim, wohin der wohl seine Häufchen macht.
Der Storch klappert mit dem Schnabel und die Käfer zucken kurz zusammen. Dann fragt er mit einer ganz sanften Stimme, wie man sie eher von einem kleinen Singvogel erwarten würde: „Guten Tag, ihr lieben Käfer. Was ist euer Begehren?"
Da Fläsch Wallon nicht weiß, welchen der Käfer er ansprechen soll, schaut er den Käfer an, der ihm am nächsten steht, und das ist Kleber. Der zieht seinen Kopf ein, als hätte er Angst, dass ihn der Storch gleich abbeißen könnte. Kleber fühlt sich unwohl ne-

ben diesem großen Vogel und antwortet verunsichert: „Du … äh … musst uns helfen. Wi…wi…wir brauchen … äh … einen großen Haufen … äh … mit zwei Schwänzen und … äh … einen Flügel mit zwei Köpfen.“
Dann schaut Kleber verlegen auf seine Füße und hofft, dass der Storch jetzt jemand anderen etwas fragt.
Doktor Botscha kommt Kleber zu Hilfe. Er macht einen Schritt auf den erstaunten Vogel zu und spricht mit lauter und sicherer Stimme: „Mein liebster Fläsch Wallon, mein lieber Nachbar vom Baumwipfel …“
Und dann erzählt Doktor Botscha dem Storch alles. Von der Weltmeisterschaft zwischen Grönoble und Kastanietta und davon, dass sie unbedingt den Haufen von dem großen Tier brauchen, von dem der Storch Onkel Kubus einmal erzählt hat. Dann faltet Doktor Botscha seine Hände zusammen und schaut den Storch erwartungsvoll an.
Auch die anderen sind gespannt auf die Antwort.

Fläsch Wallon klappert kurz mit dem Schnabel, woraufhin Kleber wieder den Kopf einzieht.

„Das Tier, von dem ihr redet, heißt Elefant. Er hat hinten einen Schwanz und vorne einen Rüssel. Die federlosen Flügel am Kopf sind seine Ohren. Doch der Elefant lebt weit weg von hier. Ich muss viele Tage lang fliegen, bis ich im Land des Elefanten bin. Der Weg führt über hohe Berge und weite Meere, über riesige Wälder und entlang breiter Flüsse. Es ist eine lange und gefährliche Reise, und ihr wollt, dass ich diese Reise mache, um einen Haufen Elefantenmist zu holen?"

Der Storch sieht die Käfer fragend an und einen Moment lang schweigen alle. Dann breitet Doktor Botscha die Arme zu einer angedeuteten Umarmung aus, setzt sein breitestes Lächeln auf und antwortet: „Ganz genauso ist es, liebster Fläsch. Dank deiner Hilfe werden wir es diesen käfrigen Käfern aus Grönoble zeigen! Natürlich wird Roland, unser bester Kugelbauer, mitfliegen und dir helfen, den richtigen Haufen auszusuchen."

Roland ist gar nicht wohl bei der Vorstellung, mit dem Storch durch die halbe Welt zu fliegen, während zu Hause seine Vorratskammer halb leer bleibt. Er will gerade seine Bedenken äußern, als Fläsch Wallon wieder mit dem Schnabel klappert, woran sich die Käfer schon halbwegs gewöhnt haben.

„Nein, ihr lieben Käfer, was ihr von mir verlangt, ist nicht möglich“, sagt er mit seiner samtweichen Stimme, und das Lächeln in Doktor Botschas Gesicht verschwindet wie vom Winde verweht. Fläsch fährt fort: „Du sagst, eure Meisterschaft …“

„Weltmeisterschaft!“, korrigiert Doktor Botscha ernst.

„… eure Weltmeisterschaft findet schon in einer Woche statt. Mit einem Käfer auf dem Rücken und auf dem Rückflug auch noch mit einem großen Haufen beladen, brauche ich für die Reise aber sicher drei Wochen.“

Doktor Botscha steht da, als hätte man ihn mit kaltem Wasser übergossen. Roland hingegen findet das, was Fläsch Wallon sagt, ganz vernünftig. Doktor Botscha scheint sich

mit dieser Antwort aber nicht abfinden zu wollen.
„Herr Wallon ...“, sagt er und wippt dabei leicht auf den Zehenspitzen. Roland fällt auf, dass Doktor Botscha nicht mehr so freundlich redet und den Storch auch nicht mehr „liebster Fläsch“ nennt.
„... Sie sind ein so großer Vogel, dass Sie mit Ihren Flügeln einen Schatten über ganz Kastanietta werfen könnten. Sie machen weite Reisen und erzählen gutgläubigen Käfern, wie unserem lieben alten Kubus, abenteuerliche Geschichten von seltsamen Tieren. Wenn es hier kalt und frostig wird, verschwinden Sie für mehrere Monate werweiß-wohin. Aber wenn man Sie um einen Gefallen bittet, dann brauchen Sie für einen kleinen Ausflug sage und schreibe drei Wochen, als könnten Sie nicht schneller fliegen als eine gefrorene Ente? Das kann doch nicht Ihr Ernst sein, Herr Wallon?“
Roland staunt, dass Doktor Botscha den zuvor „liebsten Fläsch“ nun mit einer gefrorenen Ente vergleicht. Auch den anderen Kä-

fern ist das unangenehm und sie sehen den Storch verlegen an. Dieser starrt Doktor Botscha mit großen Augen und leicht geöffnetem Schnabel an.
Da tritt Onkel Kubus zu Doktor Botscha und klopft diesem leicht auf die Schulter.
„Lass mich doch bitte mit unserem Nachbarn und Freund Fläsch reden, Botscha."
Onkel Kubus ist der Einzige, der Doktor Botscha einfach nur Botscha nennen darf. Er macht einen Schritt auf den Storch zu und spricht mit freundlicher Stimme: „Lieber Fläsch, ich habe zwar nichts verstanden von dem, was Botscha gesagt hat, aber du musst wissen, dass er heute sehr aufgeregt ist. Diese Weltmeisterschaft ist sehr wichtig für uns Käfer. Es wäre schrecklich, wenn die käfrigen Käfer aus Grönoble uns mit einer größeren Kugel besiegen. Viele Käfer aus Kastanietta würden dann vielleicht nach Grönoble zum Walnussbaum ziehen, weil sie nicht in einem Dorf von Verlierern leben möchten. Es ist wirklich wichtig für uns, die größere Kugel zu bauen. Aber wenn es drei

Wochen dauert, um zu den Elefanten zu fliegen, dann ist das einfach zu lange für uns. Wir müssen eben nach einer anderen Lösung suchen. Wir danken dir, dass du uns angehört hast."

Der Storch schaut wieder etwas freundlicher. Die Worte von Onkel Kubus haben ihm offensichtlich besser gefallen als Doktor Botschas Geschichte mit der Ente. Der Storch wirft seinen Kopf zurück und klappert mit dem Schnabel. Roland wundert sich, was es mit dem ständigen Geklapper auf sich hat, verkneift es sich aber, danach zu fragen.

Fläsch Wallon möchte wieder zu Kleber sprechen, doch der hat sich inzwischen ganz weit nach hinten geschlichen. Also spricht er zu Onkel Kubus, der ihm jetzt am nächsten steht: „Ihr lieben Käfer, ihr lieben Nachbarn. Wenn ihr so wenig Zeit habt, solltet ihr vielleicht besser in der Nähe nach großen Tieren suchen. Dabei kann euch bestimmt Schmatz, der Spatz, helfen, denn er kennt die Umgebung hier viel besser als ich. Ich wünsche euch, dass ihr eine riesengroße Kugel schafft, mit der ihr Weltmeister werdet. Macht Kastaniettas Käfer stolz."

Ein kurzes Geklapper später ist der Storch mit zwei wuchtigen Flügelschlägen wieder weggeflogen. Die Flügelschläge verursachen einen so starken Windstoß, dass um ein Haar auch die Käfer weggeflogen wären.

Doktor Botscha scheint immer noch schlechte Laune zu haben.

Deshalb fragt Onkel Kubus die anderen: „Was meint ihr? Sollen wir Schmatz, den

Spatz, um Hilfe bitten? Die Idee scheint mir ganz gut zu sein."
Doch Dreher zweifelt: „Der Spatz ist frech. Er macht sich immer über uns lustig. Ich traue ihm nicht."
Kleber nickt. Er traut dem Spatz auch nicht.
„Gut, dann sind wir uns einig", antwortet Onkel Kubus. „Wir werden also den Spatz fragen."
Roland kennt Onkel Kubus' Anfälle von Schwerhörigkeit und muss ein Grinsen unterdrücken. Bei der sanften Stimme von Fläsch Wallon hat der Onkel offenbar noch alles mühelos verstanden. Dreher und Kleber widersprechen aber nicht und Doktor Botscha ruft wieder Anna Bolika, damit sie Schmatz, den Spatz, holen geht.
Auch der wohnt ganz weit oben auf dem Kastanienbaum, nur einige Äste unter dem Storch. Anna läuft los und die Käfer setzen sich auf den Boden und warten.

Kapitel 3

Der Plan

Während sie dort sitzen, hören sie vom Fuß des Baumstammes her ein Rascheln. Es ist Wülli, die Wühlmaus, die aus ihrem Tunnel heraustritt.

Wülli will gerade runter zum Bach, um einen Schluck Wasser zu trinken. Er hat stundenlang gewühlt und braucht jetzt eine Pause.

Als er die Käfer sieht, wundert er sich, warum sie hier sitzen und hochschauen. Die Kastanien sind jedenfalls noch lange nicht reif, denkt er bei sich. Aber vielleicht wissen Käfer ja nicht so gut über Kastanien Bescheid. Oder sie haben sehr viel Zeit und Geduld.

Die Käfer starren weiter hoch und verfolgen Annas Fortschritt. Roland hört mit einem Ohr Wülli zu, der am Fluss gierig Wasser schlürft. Er schlürft und schlürft so lange, dass Roland einerseits einen trockenen Mund bekommt und sich andererseits wun-

dert, wohin Wülli das ganze Wasser schlürft.
Jetzt muss er seine ganze Aufmerksamkeit aber wieder auf Anna richten, denn sie ist beim Nest von Schmatz, dem Spatz, angekommen. Doch da tut sich eine ganze Weile nichts. Der Storch war zu diesem Zeitpunkt schon längst zu ihnen heruntergeflogen. Dreher und Kleber schütteln den Kopf. Sie haben vom Spatz ohnehin keine Hilfe erwartet.
Plötzlich fliegt der Spatz doch los. Zum allgemeinen Erstaunen nicht zu ihnen herunter, sondern hoch zum Storch. Sie hören noch ein kurzes Geklapper, dann nichts mehr, denn der Storch und der Spatz reden sehr leise.
Die Käfer sind ganz still und spitzen die Ohren so gut sie können, um vielleicht doch einen Satz zu erhaschen. In diese Stille sagt plötzlich jemand hinter ihnen laut „HALLO“ und die Käfer zucken vor Schreck zusammen. Es ist Wülli, die Wühlmaus, die unbeachtet zu ihnen gestoßen ist. Zufrieden schaut er in die Runde, während Wasser von seinem Bart tropft.

„Hallo“, wiederholt er freundlich. „Wartet ihr, bis die Kastanien reif sind? Könnt ihr vergessen. Das dauert noch sehr lange, Jungs.“

Die Käfer wissen nicht recht, was sie mit Wüllis Bemerkung anfangen sollen. Es ist Doktor Botscha, der ihm schließlich antwortet: „Danke für den wertvollen Hinweis, Wülli. Wir warten nicht auf die Kastanien, wir warten auf Schmatz, den Spatz.“

„Aha“, sagt Wülli. „Und was wollt ihr von ihm?“

Doktor Botscha wünscht sich, dass Wülli endlich weitergeht.

„Das ist eine lange Geschichte, Wülli. Wir erzählen sie dir gerne ein andermal.“

Die Käfer schauen Wülli ungeduldig an, doch der steht nur still da. Plötzlich ertönt wieder ein lautes „HALLO“ und die Käfer zucken alle zusammen. Doktor Botscha entwischt vor Schreck sogar ein kurzes Quieken. Es ist aber nur Schmatz, der in der Zwischenzeit zu ihnen runtergeflogen ist.
„Käfer, Käfer, Käfer“, sagt er. „Was ihr immer für Ideen habt. Der Storch hat mir alles erzählt. Ihr erwartet doch hoffentlich nicht von mir, dass ich euch den Riesenhaufen herbeifliege, oder?“
Wülli wundert sich, wovon der Vogel redet. Was soll das für ein Riesenhaufen sein? Doktor Botscha seinerseits hat die Fassung wiedererlangt und erklärt dem Spatz, dass er nicht von ihm erwartet, dass er irgendetwas herbeifliegt. Schließlich ist ein Spatz ja auch nicht besonders stark. Er will von ihm bloß wissen, wo es die größten Tiere in der Umgebung gibt. Sie werden die Haufen dann schon ohne seine Hilfe herbeischaffen.
„Käfer, ich glaube nicht, dass ich euch helfen will“, antwortet Schmatz. „Ich möchte näm-

lich nicht, dass ihr eine riesige Stinkekugel direkt vor meine Haustüre baut."
Doktor Botscha setzt wieder sein breitestes Lächeln auf. „Aber wir bauen die Kugel hier nur zusammen, Schmatz. Danach rollen wir sie weg zum Turnierplatz. Der ist auf der kleinen Lichtung. Dort wird sie mit der Kugel aus Grönoble verglichen. Mit der hoffentlich kleineren Kugel aus Grönoble, um genau zu sein."
Schmatz überlegt kurz. „Nein, ich möchte die Stinkekugel lieber gar nicht hier haben. Außerdem glaube ich nicht, dass ihr den Wettkampf gegen die Käfer aus Grönoble gewinnen werdet."
„Wie bitte? Was redest du da! Das ist eine Unverschämtheit!", empört sich Doktor Botscha.
Roland ist ebenfalls überrascht und fragt nach: „Warum denkst du denn, dass wir keine Chance haben?"
Der Spatz erklärt: „Die Käfer aus Grönoble unter ihrem Anführer Hans haben bereits das Wildschwein Speckmann angefragt. Und

Speckmann hat ihnen nicht nur seine eigene Hilfe, sondern die seines ganzen Rudels zugesagt. Als Belohnung bekommt er von den Käfern Trüffel, die er so gerne mag. Davon muss es in Grönoble offenbar eine ganze Menge geben. Ich habe mich zwar gefragt, was die Käfer in Grönoble mit dem ganzen Mist wollen, aber jetzt ist es mir klar."
Doktor Botscha fühlt sich von dieser Nachricht erschlagen. „Dieses schweinische Schwein und sein schweinisches Rudel! Wie können sie nur so etwas Schweinisches tun?"
„Aber warum denn nicht?", findet Roland. „Sie sind uns ja nichts schuldig."
Doktor Botscha lässt den Kopf hängen und der Spatz bekommt bei diesem Anblick doch langsam etwas Mitleid. Er ringt mit sich selber. Soll er einfach wieder wegfliegen? Schließlich spricht er aber doch: „Na schön. Ich will euch einen Hinweis geben."
Die Käfer horchen auf.
„Nicht weit von hier gibt es einen Ort, an dem alle möglichen Tiere auf kleinem Raum zusammenleben. Und das Beste für euch ist

– es gibt da auch Elefanten. Große und kleine Elefanten.“

Die Käfer trauen ihren Ohren nicht. Hat Schmatz wirklich gesagt, dass es gleich um die Ecke Elefanten gibt?

Schmatz fährt fort: „Der Ort, wo die Elefanten wohnen, heißt Zoo.“

Onkel Kubus könnte nicht überraschter aussehen. „Sie wohnen im Klo?“

Schmatz überhört die Frage. „Ich bin immer wieder dort zu Besuch, weil es das ganze Jahr über feines Futter umsonst gibt. Am liebsten besuche ich den Schuhschnabel Espadrille. Der hebt mir immer etwas auf. Ein sehr anständiger Kerl ist das. Dafür bringe ich ihm manchmal frische Beeren aus dem Wald mit. Na gut, ich will euch nicht länger aufhalten. Ihr habt schließlich zu tun. Viel Erfolg!“

Kaum hat er das gesagt, ist der Spatz schon davongeflogen und die Käfer bleiben starr zurück wie Holzpfosten. Sie können noch immer kaum glauben, was sie eben gehört haben.

„Der Spatz ist ja manchmal doch ganz brauchbar“, sagt Dreher.
„Hoffen wir, dass es auch wahr ist, was er erzählt hat“, antwortet Kleber.
„Hört mal“, meldet sich Wülli. Er hat das Gespräch mit wachsendem Interesse verfolgt und wundert sich, was hier abgeht. „So ein Elefant ... Was ist das eigentlich?“
Roland erklärt, dass ein Elefant das größte Tier ist, das Fläsch Wallon kennt, und sie deshalb zu ihm müssen, um einen seiner Haufen zu bekommen.
Wülli staunt. „So ein Tier habe ich noch nie gesehen.“ Er grübelt kurz, dann verkündet er: „Wisst ihr was? Ich komme mit euch mit. So etwas darf ich mir nicht entgehen lassen.“

Kapitel 4
Die Reise

Früh am nächsten Morgen machen sich die Gefährten Roland, Kleber, Dreher und Wülli auf den Weg zum Zoo, um dort die Elefanten zu suchen. Doktor Botscha und Onkel Kubus bleiben beim Kastanienbaum zurück und winken ihnen nach.
Doktor Botscha fragt Onkel Kubus: „Glaubst du, dass sie es schaffen?“
Und Onkel Kubus antwortet überzeugt: „Klar gibt es dort Affen.“
Roland führt die Gruppe an. Er freut sich schon sehr darauf, die Elefanten zu sehen. Er hätte nicht gedacht, dass es neben seinen Kugeln noch etwas anderes gibt, was er so spannend findet.
Dreher und Kleber gehen direkt hinter ihm. Während Dreher an nichts Bestimmtes denkt, überlegt Kleber, wann es wohl die nächste Essenspause gibt. Er hat nämlich schon Hunger, seit sie losgegangen sind,

und mit jedem Schritt wird dieses Gefühl stärker.
Wülli trottet am Ende der Gruppe. Er würde ja gerne viel schneller gehen, aber er muss auf die für seinen Geschmack sehr langsamen Käfer Rücksicht nehmen. Wülli hofft einfach, dass die Käfer sich mit der Zeit warmlaufen und schneller werden.
Doch die Käfer laufen sich nicht warm, sie laufen sich müde. Kleber fängt an, die essbaren Pflanzen am Wegrand anzuglotzen. Er will aber nicht der Erste sein, der nach einer Pause fragt.
Dreher schaut ihn von der Seite an und fragt: „Woran denkst du die ganze Zeit?"
Kleber lächelt unschuldig und antwortet: „Ich wundere mich bloß, warum ich noch keinen Hunger habe."
Roland dreht sich zu ihnen um. Die Käfer sehen müde aus. Er fragt deshalb: „Wollen wir eine Pause machen und etwas essen?"
Kleber strahlt vor Freude.
Wülli hingegen findet, dass sie ohnehin schon viel zu langsam sind und die Pause

deshalb unnötig. Er antwortet deshalb: „Ich finde das völlig …“
Weiter kommt er nicht, denn Kleber fällt ihm ins Wort: „… völlig in Ordnung. Schaut mal, dieses Kraut hier am Wegrand scheint zum Beispiel ganz lecker zu sein. Ihr findet sicher auch schnell etwas, wenn ihr ein bisschen sucht. Guten Appetit.“
Und schon hat er sich ein paar Blätter in den Mund gestopft, auf denen er fleißig kaut.

Nach dem Essen geht die Reise weiter. Kleber ist zwar satt geworden, dafür tun ihm jetzt die Füße weh. Er schaut sie an und vergleicht sie. Er findet, dass der rechte Fuß etwas dicker aussieht als der linke. Er fragt Wülli, ob er das auch findet, aber der schüttelt nur den Kopf und läuft weiter, ohne ihm eine Antwort zu geben.
Roland und Dreher gehen vorne und versuchen gemeinsam, eine Lösung dafür zu finden, wie sie eine große Kugel den weiten Weg vom Zoo zurück nach Kastanietta bringen können.

So wandern sie eine lange Zeit, bis sie etwas Seltsames hören. Zuerst nur leise, so dass sie sich nicht sicher sind, ob es bloß das Rauschen des Windes oder gar Klebers knurrender Magen ist. Dann aber ist es deutlich – hier brummt etwas ganz Großes.
Mit jedem Schritt wird nicht nur das Geräusch lauter, der Boden beginnt auch zu zittern.
„Was ist das?“, fragt Kleber, der findet, dass dieses Zittern seinen schmerzenden Füßen gar nicht gut bekommt. Er findet sogar, dass inzwischen auch der linke Fuß angeschwollen ist. Gerne würde er Wülli um seine Meinung fragen, welcher der beiden Füße denn jetzt dicker ist. Aber der scheint sich ja nicht für Käferfüße zu interessieren.

Roland meint schließlich: „Ich denke, das ist die Straße, vor der Schmatz uns noch gewarnt hat."

Tatsächlich stehen sie ein paar Minuten später am Rand einer Straße, deren gegenüberliegende Seite so weit weg ist, dass sie sie nicht erkennen können. Sie stehen einige Zeit nur so da, ohne zu wissen, was sie jetzt tun sollen, als ein großer Lastwagen vorbeidonnert.

Das Fahrzeug verursacht einen starken Windstoß, der die Käfer fortgeblasen hätte, hätten sie sich nicht gerade noch an Wüllis Fell festhalten können. Wülli kommt sich komisch vor und ist froh, dass niemand sieht, wie die Käfer an ihm flattern wie lustige Wimpel.

Nachdem der Windstoß überstanden ist, entfernen sie sich schnell ein Stück von der Straße und beraten, wie sie dieses Hindernis überwinden wollen.

Dreher meint, dass die beste Chance darin besteht, so schnell wie möglich über die Straße zu rennen. Keinem gefällt diese Idee.

„Vielleicht können wir an der Straße entlanglaufen, bis sie endet?“, schlägt er daraufhin vor.
Allgemeines Kopfschütteln, denn das könnte ewig weit weg sein. Alle überlegen weiter. Kleber überlegt besonders fest. Er überlegt, wieso er als Einziger so dicke Füße bekommen hat. Er möchte Wülli fragen, ob ihm die Füße nicht auch ein klein wenig weh tun, als dieser herausplatzt: „Ich habe die Lösung! Ich grabe uns unter der Straße einen Tunnel bis zur anderen Seite.“
Die Käfer wundern sich.
„Kannst du einen so langen Tunnel graben?“
„Ich will schließlich Elefanten sehen“, antwortet Wülli und die Käfer klatschen und jubeln.
Es wird schon langsam dunkel und Wülli fängt gleich damit an, den Tunnel zu graben. Die Wühlmaus arbeitet sich immer tiefer in die Erde, während die Käfer helfen, die abgetragene Erde aus dem Tunnel wegzuschaffen. Dazu formen sie die Erde zu Kugeln und rollen sie hinaus.

Je weiter der Tunnel wird, desto dunkler wird er. Die Käfer fühlen sich darin gar nicht wohl. Jedes Mal, wenn ein schweres Fahrzeug auf der Straße über ihnen hinwegfährt, zittert der Boden und es rieselt feine Erde von der Tunneldecke. Was, wenn der Tunnel einstürzt? Die Käfer wollen gar nicht darüber nachdenken und arbeiten deshalb so schnell sie können.

Wülli gräbt und gräbt und die Käfer pappen und rollen die ganze Nacht hindurch. Roland kann nicht verstehen, wie Wülli trotz der Dunkelheit immer weiß, in welche Richtung er graben muss. Er selber würde sicher schnell vom Weg abkommen und womöglich im Kreis graben. Tolle Sache, denkt er sich, wenn man die ganze Nacht gräbt und am Ende wieder dort rauskommt, wo man angefangen hat.

Roland rollt die nächste Kugel hinaus. Dabei ruft er ständig: „Kugel rollt! Kugel kommt!“, denn er sieht ja nicht, ob ihm jemand im Tunnel entgegenkommt. Und er will nicht schon wieder einen Käfer überrollen.

Doch plötzlich hört er jemanden sagen: „Brauchst nicht so zu schreien, Käfer. Man kann dich schließlich nicht übersehen."
Roland stoppt die Kugel sofort. Die Stimme kam doch von der Wand! Aber wie ist das möglich? Es ist so düster, dass Roland kaum etwas erkennt. Da! Ein bleiches Gesicht schwebt in der Luft. Roland erschrickt und macht ein paar Schritte zurück.
Nachdem sich seine Augen besser an die Dunkelheit gewöhnt haben, erkennt er, dass es sich um einen Regenwurm handelt, der den Tunnel auf halber Höhe gekreuzt hat. Nur der Kopf lugt aus der Wand, weshalb es so aussieht, als würde er schweben.
„Na, Käfer. Geht's wieder? Dein Weg hat sich wohl noch nie mit dem eines Regenwurms gekreuzt? Aber ich muss zugeben, dass ich hier unten auch nur sehr selten Besucher habe. Mein Name ist Max. Darf ich fragen, wieso ihr hier so fleißig grabt? Wohin wollt ihr denn?"
„Wir sind unterwegs zum Zoo", antwortet Roland.

„Oh, das ist kein guter Platz für Regenwürmer. Es gibt da nur seltsame Tiere, die von ganz weit weg kommen. Aber ihr werdet es ja selber sehen. Ich will euch nicht länger stören, denn ich habe auch noch einen weiten Weg vor mir.“

Kaum hat er das gesagt, ist er wieder in der Wand verschwunden. Der Spuk endet damit so überraschend, wie er begonnen hat.

Roland hatte nicht mal Zeit, den Wurm zu fragen, wie weit es noch bis zur anderen Seite der Straße ist.
„Würmer …“, murmelt er vor sich hin und rollt seine Kugel weiter. Er ruft jetzt nur noch leise „Kugel rollt!“ und schaut dabei die Wände an, ob nicht wieder irgendwo ein Kopf herauslugt.

Alle arbeiten fleißig, bis Wülli irgendwann vermeldet: „Die Erde zittert jetzt deutlich weniger. Wir sind also vielleicht auf der anderen Seite der Straße angekommen. Gleich wissen wir mehr. Ich grabe jetzt nach oben.“
Der Tunnel ist inzwischen tatsächlich sehr lang und die Käfer lassen sich müde auf den Boden fallen. Wülli gräbt steil nach oben, bis plötzlich Licht einfällt. Die Sonne ist schon längst wieder aufgegangen. Wülli dreht sich zu seinen Begleitern um. „Ich schaue draußen nach, ob alles in Ordnung ist.“
Die Käfer nicken und warten. Wülli schlüpft hinaus und kommt schon wenig später wieder zurück.

„Wir sind auf einem unbefahrenen Streifen in der Mitte der Straße. Auf der einen Seite fahren alle Fahrzeuge in eine Richtung und auf der anderen in die Gegenrichtung.“
Die Käfer sind enttäuscht. Nur Kleber nicht, denn der schläft bereits. Auch die anderen sind müde und legen sich für eine Weile hin.
Als sie wieder aufwachen, gehen sie kurz hinaus, um etwas zu essen. Dann machen sie sich gleich wieder an die Arbeit.
Roland fragt sich, ob Wülli noch genügend Kraft hat und ob ihm vom vielen Graben nicht langsam die Hände wehtun.
Doch ganz im Gegenteil. Wülli fängt jetzt sogar an, beim Graben ein Liedchen zu singen. Roland gefällt es und er versucht mitzusingen. Da es ein Wühlmaus-Lied ist, welches er nicht kennt, singt er statt der Worte nur „la-la-la“.
Das Lied erzählt die Geschichte von der Wühlmaus Garmino, die beim Graben an der falschen Stelle abbiegt und dann unter einem See rauskommt. Garmino wird vom einströmenden Seewasser durch den Tunnel

gespült und kommt am Ende in großem Tempo wie ein Korken rausgeschossen.
Alle Käfer finden die Geschichte lustig und singen laut mit. Nur Kleber dreht sich zu Dreher um und fragt ihn, ob es hier in der Nähe einen See gibt.
So graben und singen sie eine lange Zeit, bis Wülli innehält. „Ich denke, wir sind durch."
Alle bleiben stehen – außer Kleber, der sich sofort wieder auf den Boden legt, um zu schlafen.
Wülli gräbt sich wieder schräg nach oben und steckt vorsichtig den Kopf hinaus. Dann kommt er zurück und verkündet: „Wir sind drüben, wir haben es geschafft!"
Roland und Dreher jubeln, während Kleber leise schnarcht.
Als die Reise nach einer kleinen Pause weitergeht, ist Roland froh, endlich aus diesem muffigen Tunnel raus zu sein. Er mochte den Geruch im Tunnel gar nicht, wollte aber nichts sagen. Wülli wäre bestimmt erstaunt gewesen, das zu hören, denn er weiß, dass Roland zu Hause eine Vorrats-

kammer voller Mistkugeln hat. Wie das wohl für Wülli riechen muss?

Die Gefährten laufen viele Stunden mit wenigen kurzen Ruhepausen. Dabei wird kaum geredet. Kleber grübelt die ganze Zeit, bis er sich endlich sicher ist: Es ist der linke Fuß, der etwas dicker geschwollen ist. Es freut ihn, dass er es endlich herausgefunden hat und erzählt es deshalb Wülli. Dieser scheint aber noch immer nicht an Käferfüßen interessiert zu sein. Im Gegenteil. Er antwortet, dass er von Klebers ständigem Gejammere selber bald geschwollene Ohren bekommt.
Dreher hört das und muss lachen, was Kleber mächtig ärgert. Am liebsten würde er Dreher dafür einen Fußtritt verpassen. Wenn doch bloß seine Füße nicht so geschwollen wären!
So wandern sie den ganzen Tag bis am späten Abend Roland plötzlich ruft: „Schaut mal, wir sind da!“
Alle blicken auf … und tatsächlich: Ein Stück weiter den Weg hinunter können sie das

große Gitter erkennen, welches den Zoo umgibt. Es sieht genauso aus, wie Schmatz, der Spatz, es ihnen beschrieben hat.
Problemlos schlüpfen sie zwischen den Stangen hindurch. Drinnen schauen sie sich um. *Seltsam ist es hier,* denkt Roland. All diese unbekannten Gerüche.
Dreher horcht vor allem auf die fremden Geräusche. Bei manchen kann er sich nicht vorstellen, wie die entsprechenden Tiere aussehen müssen.
Wülli seinerseits schaut sich den Boden an. Ob es hier viele Tunnel gibt?
Kleber mustert die Pflanzen. Viele davon sieht er zum ersten Mal. Er fragt sich, ob sie alle essbar sind. Er stopft sich ein Blatt in den Mund und schaut beim Kauen auf seine Füße. Er ist wieder unsicher geworden, welcher Fuß der dickere von beiden ist.
Roland dreht sich zu seinen Gefährten um und fragt: „Was meint ihr? Wo mögen die Elefanten sein? Hat jemand eine Idee, wie wir sie finden? Der Zoo scheint sehr groß zu sein."
Alle nicken und schauen sich um.

Kapitel 5

Der Streit

Derweil läuft es in Grönoble weniger gut. Dort ist ein großer Streit ausgebrochen zwischen den Mistkäfern um ihren Chefkugelbauer Hans auf der einen Seite und den Wildschweinen um ihren Anführer Speckmann auf der anderen Seite.

Speckmann ist ein sehr großes und kräftiges Wildschwein mit zwei langen Hauern. Er hat am ganzen Körper dicke, dunkle Borsten. Seine Augenbrauen sind sehr buschig und man weiß nicht genau, wo eine Augenbraue aufhört und wo die andere anfängt. Deshalb sieht er immer sehr ernst aus – was er im Moment auch ist. Er ist nämlich verärgert darüber, was Hans ihm gerade mitgeteilt hat.

Speckmann hat mit Hans abgemacht, dass er ihm seine Misthaufen überlässt und dafür feine Trüffel von ihm bekommt. Jetzt ärgert sich Speckmann, weil Hans und seine Käfer

keine Trüffel mehr für ihn und seine Rotte haben. Aber auch Hans ist verärgert, denn Speckmann fand die Idee mit den Trüffeln so gut, dass er seine ganze Familie aus dem Wald zusammengetrommelt hat. Die sind dann alle nach Grönoble gekommen, um dorthin ihre Haufen zu machen. Das waren irgendwann so viele, dass sogar die Häuser einiger Bewohner verschüttet wurden.
Hans hat also von den Wildschweinen viel mehr bekommen, als er brauchen kann, und Speckmann will von den Käfern mehr, als diese ihm geben können.

Hans ist auf einen großen Stein geklettert, damit er auf Augenhöhe mit Speckmann reden kann.
Wobei sie eigentlich nicht reden, sondern schreien.
„Ich will mehr Trüffel für meine Haufen!", ruft Speckmann wütend und Hans schreit zurück: „Du kannst deine Haufen einpacken und wieder mitnehmen, wenn dir die Trüffel nicht reichen, die wir dir gegeben haben."
„Ihr habt uns nur Trüffel für höchstens vier Schweine gegeben. Wir sind aber 14."
„Ich habe keine 14 Schweine bestellt. Esst halt alle ein bisschen weniger, dann reicht es. Es gibt nicht genug Trüffel, um 14 dicke Schweine damit zu füttern."
„Das ist ja wohl die Höhe! Es sind keine 14 dicke Schweine hier. Ich bin das einzige dicke Schwein", beschwert sich Speckmann.
Es ist nämlich gar nicht einfach für ein Schwein, so viel Futter zu finden, dass es davon dick wird. Deshalb ist Speckmann stolz darauf, dass er viel dicker ist als die anderen.

„Du kannst so viel grunzen, wie du willst, Speckmann, es gibt einfach nicht genügend Trüffel für die vielen normal-dünnen und das eine dicke Schwein.“

Hans verschränkt die Arme vor der Brust und wartet darauf, dass Speckmann geht. Speckmann schweigt und überlegt.

Schließlich sieht er ein, dass hier nichts mehr zu holen ist. Diese Käfer werden keine weiteren Trüffel rausrücken. Das soll Hans ihm aber büßen. Speckmann atmet ganz tief ein und stößt dann die ganze Luft mit einem kräftigen Stoß aus seinem Rüssel.

Hans, der genau vor ihm steht, wird weggewirbelt wie ein Blatt im Wind. Wie ein Blatt, welches es sehr eilig hat. Mit einem langgezogenen „Ahhh!“ verschwindet Hans in einem Busch.

Speckmann macht ein paar zufriedene Grunzer. Dann dreht er ab und verschwindet mit seiner Rotte im Wald.

Die Käfer rennen sofort los, um Hans zu suchen. Sie kämpfen sich durch die dichten Büsche und rufen dabei seinen Namen.

Schließlich finden sie ihn neben dem Baumstamm einer großen Tanne.
„Wie geht es dir, Hans? Sind noch alle Beine dran?“, fragen sie ihren Chefkugelbauer besorgt und fangen gleich an, sie zu zählen.
„Ja, ja. Ich hatte Glück und bin schön weich auf einem Blätterhaufen gelandet.“

Nachdem sich Hans gesammelt hat, ist er wieder guter Dinge. Die Wildschweine sind endlich weg, genug Mist ist da. Nun will er endlich mit dem Bau der Kugel beginnen.
„Jetzt tragen wir die ganzen Wildschweinhaufen zusammen und formen sie zu einer Kugel. Wir müssen herausfinden, ob dieses Material für das Bauen einer großen Kugel überhaupt geeignet ist. Schließlich hat das bisher noch niemand gemacht. Und wir wollen ja nicht mit unserer Kugel zum Turnierplatz kommen und dann zusehen, wie sie vor den Augen dieser käfrigen Käfer aus Kastanietta zerfällt. Ich möchte jedenfalls nicht, dass der Chefkugelbauer aus Kastanietta, dieser Typ aus Holland, uns auslacht.“

Die Käfer nicken eifrig. Das soll ihnen nicht passieren. Dann macht einer der kleinsten unter ihnen einen Schritt nach vorne. Es ist Kalvin, den sie wegen seiner geringen Größe Kalvin Klitzeklein nennen.

Kalvin ist der einzige Käfer, der immer nur mit einer weißen Unterhose bekleidet herumläuft, auf der er mit einem Stift seinen Namen geschrieben hat. Kalvin hebt die Hand, um auf sich aufmerksam zu machen.

„Hör mal, Hans, der Chefkugelbauer aus Kastanietta heißt Roland, ist aber nicht aus Holland."

Alle sehen zu Kalvin und dann wieder zu Hans. Der wedelt mit den Händen und antwortet verärgert: „Es ist mir egal, ob er aus Holland ist …"

„Nein, er ist eben nicht aus Holland", fällt ihm Kalvin ins Wort.

„Es ist mir egal, ob er eben nicht aus Holland ist, er wird jedenfalls versuchen, eine Kugel zu bauen, die so groß ist, dass wir daneben wie kleine Marienkäfer aussehen. Wollen wir das etwa?"

Die Frage ruft er der Gruppe laut zu, und als die Käfer merken, dass er tatsächlich auf eine Antwort wartet, schreien sie zurück: „NEIN!“

Hans ist mit der Reaktion zufrieden und setzt nach: „Wollen wir etwa, dass die käfrigen Käfer aus Kastanietta Weltmeister werden?“

Wieder schreien alle im Chor zurück: „NEIN!“

Hans fragt weiter: „Wollt ihr etwa, dass Speckmann und seine Wildschweine uns auslachen?“

„NEIN!“

„Wollt ihr zusehen, wie der eingebildete Doktor Botscha einen Siegestanz aufführt?“

„NEIN!“

Die Käfer sind toll in Stimmung und schreien ihre Antwort immer lauter. Jetzt warten sie aufgeregt auf die nächste Frage. Hans fällt aber dummerweise keine Frage mehr ein. Er sieht, wie alle ihn erwartungsvoll anstarren. Hans denkt und denkt, bis ihm der Kopf vor lauter Anstrengung brennt. Eine Frage muss her und zwar sofort!

Da fällt ihm endlich doch noch etwas ein: „Wollt ihr Weltmeister werden?“
Und jetzt schreien alle: „JAAA!“
Alle, bis auf einige Käfer in der Gruppe, die nicht genau zugehört haben und deshalb wie zuvor „NEIN!“ gerufen haben.
Hans entscheidet, dass der Höhepunkt jetzt wohl erreicht ist, und da ihm ohnehin keine Fragen mehr einfallen, zeigt er mit ausgestrecktem Arm in die Richtung von Grönoble und ruft: „Dann lasst uns diesen Schweinekram zusammentragen und zu einer Kugel formen. Lasst uns eine Kugel bauen, die so groß ist, dass sogar der Mond daneben klein erscheint. Lasst uns eine Kugel bauen, die den Chefkugelbauer aus Kastanietta so beeindruckt, dass er heulend zurück nach Holland rennt!“
Alle jubeln und antworten wie ein Echo: „Nach Holland rennt! Nach Holland rennt!“
Dann beginnen sie mit einem Singsang: „Unser Hans, der kann’s! Unser Hans, der kann’s!“, und ziehen fröhlich los, um gemeinsam die Kugel aller Kugeln zu bauen.

Nur einer singt nicht mit. Am Ende der Gruppe läuft Kalvin Klitzeklein und murmelt: „Er ist gar nicht aus Holland ...“

Kapitel 6

Neue Freunde

Im Zoo haben Roland und seine Freunde noch immer keine Ahnung, wo die Elefanten sind. Die Sonne brennt und sie sind vom vielen Herumlaufen müde. Trotzdem sind alle noch gut gelaunt.
Bei einem großen Stein, der einen kühlen Schatten wirft, gönnen sie sich eine Ruhepause. Praktisch, dass rund um den Stein ein Haufen Salatblätter herumliegt. Erfreut reiben sich die Gefährten die Hände und essen Salat, bis sie satt sind.

Nur Kleber hat etwas Mühe mit einem Blatt. Es ist komischerweise unter dem großen Stein eingeklemmt. Er nimmt sich ein anderes, beißt hinein und kaut zufrieden, während er über den bisherigen Tag nachdenkt. Was haben sie heute für Tiere gesehen! Zum Beispiel die Vögel, die so groß sind wie ein Storch, aber rosa Federn haben anstatt weiße. Ihre Schnäbel sind gekrümmt und nicht so lang und gerade wie der von Fläsch. Sie klappern damit auch nicht ständig herum. Kleber wünscht sich, dass ein solcher Vogel einmal in Kastanietta einzieht.
„Dafür, dass die Elefanten so groß sein sollen, sind sie aber ziemlich schwer zu finden", durchbricht Dreher seine Gedanken und Wülli spekuliert: „Vielleicht bauen Elefanten ja auch Tunnel wie wir Wühlmäuse und wir haben sie deshalb noch nicht gesehen."
Kaum hat Wülli den Satz beendet, passieren seltsame Dinge. Zuerst hören sie ein glucksendes Geräusch, das eine leichte Ähnlichkeit mit einem Lachen hat. Dann können sie ihren Augen kaum trauen: Der große Stein, vor

dem sie sitzen, beginnt plötzlich zu schwanken und kurz darauf erhebt er sich sogar ein Stück und schwebt über dem Boden.
Kleber fängt vor Schreck an zu kreischen. Er wirft sich auf den Boden und verschränkt die Hände über dem Kopf.
Roland und Dreher, die etwas weiter abseits stehen, halten dies für eine gute Idee und machen es ihm nach.
Wülli ist für einen Moment starr vor Schreck, dann versucht er sich aber so schnell wie möglich ein Loch zu graben, um darin zu verschwinden.
Eine tiefe, kehlige Stimme ertönt: „Sucht ihr die Elefanten?“
Wülli hört auf zu graben und blickt sich um. Woher kam diese Stimme? Auch die Käfer heben den Kopf und suchen. Zuerst finden sie nichts, doch dann sehen sie, dass unter dem großen Steinen etwas hervorkommt, das aussieht wie ein großer, dicker Schlauch. Der Schlauch wird immer länger und kommt auf sie zu. Da erkennen sie, dass am Ende des Schlauches ein Kopf ist. Der Kopf ist

kahl, hat zwei Augen und einen zahn- sowie lippenlosen Mund. Jetzt kommen auch Beine mit Krallen unter dem Stein zum Vorschein.
Wülli hat genug gesehen und gräbt weiter, so schnell er kann.
Auch Kleber hält es nicht mehr so nahe beim Stein. Er steht auf und rennt los, so schnell, dass sogar Anna Bolika Mühe hätte, ihm zu folgen.
Als er bei Roland und Dreher ankommt, wirft er sich hinter ihnen auf den Boden. Als würde es ihn unsichtbar machen, schließt er fest die Augen und hält sich mit den Händen die Ohren zu.
Dann spricht der große Kahlkopf wieder: „Was soll das Theater? Ich tue euch nichts. Habt ihr denn noch nie eine Schildkröte gesehen? Ich esse doch nur Salatblätter. Wenn noch welche übrig sind.“
Wülli hat aufgehört zu graben. Das Ding ist eine Schildkröte? Es ist also bloß ein neues Tier, das sie noch nicht kannten? Dann wäre es doch unhöflich, in einem Loch zu verschwinden.

Roland und Dreher stehen ebenfalls erleichtert auf und gehen auf Wülli zu. Der schaut ihnen über die Schulter und fragt: „Was macht denn Kleber eigentlich da hinten?“
Die beiden Käfer drehen sich um und sehen, wie Kleber immer noch am Boden kauert und Augen und Ohren zuhält. Jetzt traut er sich, ein Auge zu öffnen. Als er bemerkt, dass er ganz alleine ist, steht er schnell auf und läuft zu den anderen. Die haben bereits eine Unterhaltung mit der Schildkröte begonnen.
„Wie heißt du denn?“, fragt Roland.
„Mein Name ist Methusalem“, antwortet die Schildkröte.
„Methusalem, du hast uns ganz schön erschreckt. Wir haben dich für einen großen, fliegenden Stein gehalten“, erklärt Roland und ergänzt: „So ein Tier wie dich haben wir bisher nämlich noch nie gesehen.“
„Ich habe den Eindruck, dass ihr auch sonst noch nicht so viele Tiere gesehen habt. Zumindest wisst ihr auch nicht allzu viel über Elefanten, wenn ihr denkt, dass sie sich Tun-

nel graben. Aber keine Sorge, ich werde euch helfen. Schließlich bin ich der älteste Einwohner im Zoo und kenne so ziemlich jeden, der hier wohnt."
„Auch die rosa Störche?", fragt Kleber, der seine Sprache wiedergefunden hat.
„Rosa Störche? Ach so, du meinst sicher die Flamingos." Die Schildkröte lacht und macht dabei wieder dieses gurgelnde Geräusch.
„Flamingos", wiederholt Kleber.
Diese Vögel sehen also nicht nur schön aus, sie haben auch einen klangvollen Namen.
„Es gibt hier im Zoo alle möglichen Tiere", erzählt die Schildkröte. „Schöne und harmlose, aber auch angsteinflößende und gefährliche. Es gibt zum Beispiel Frösche, die so klein sind, wie ihr es seid, aber mit ihrem Gift ein Tier vergiften könnten, das so groß ist wie ein Okapi."
Als die Schildkröte die fragenden Gesichter sieht, fügt sie an: „Oder ein Tier, dass so groß ist wie ein Wildschwein."
Dann drängt Roland: „Methusalem, könntest du uns bitte erklären, wie wir die Elefanten

finden? Wir müssen einen Wettkampf gewinnen und die Zeit läuft uns davon."
Methusalem nickt langsam. „Die Elefanten haben ein eigenes Haus. Es befindet sich ein gutes Stück weit weg von hier, denn es ist ein sehr großer Zoo. Aber keine Sorge, wenn ihr es eilig habt, kann ich euch einen Transport organisieren."

„Einen Transport?", fragt Dreher erstaunt.

„Nun", erklärt Methusalem, „die meisten Tiere im Zoo müssen in ihrem eigenen Gehege bleiben. Es gibt aber ein paar wenige, die frei herumlaufen können. So zum Beispiel die Pfau-Dame Rosetta. Sie könnte euch zum Elefantenhaus bringen."

„Oh, das wäre wunderbar", freut sich Roland. „Wie finden wir denn Rosetta?"

„Das ist ganz einfach", antwortet Methusalem. „Sie läuft seit Jahren immer die gleiche Strecke ab. In etwa einer halben Stunde kommt sie hier bei mir vorbei. Wir schwatzen dann normalerweise ein bisschen. Sie erzählt mir, was im Zoo gerade so läuft. Ein wirklich sehr schöner und eitler Vogel. Rosetta fürchtet allerdings, dass alle ihren Mann viel schöner finden, weil der mit seinen Schwanzfedern ein riesiges Rad bilden kann. Er kann sogar damit rascheln. Ihr solltet ihr deshalb ein paar Komplimente machen. Aber ihr scheint sehr nett zu sein, es wird euch also bestimmt leicht fallen."

Kurze Zeit später reiten Wülli und die Käfer auf dem Rücken der Pfau-Dame Rosetta in Richtung Elefantenhaus.

Sie hat eingewilligt, die Gruppe mitzunehmen, einerseits weil ihr Freund, die Schildkröte, sie darum gebeten hat, andererseits weil die Fremden ihr so schöne Komplimente über ihr Gefieder gemacht haben – alle außer Wülli. Der hat irgendetwas über ihre Krallen gesagt, dass die sehr schön und scharf seien und man damit bestimmt die tollsten Löcher graben könne.
Nach einer guten Weile bleibt Rosetta stehen. „Wir sind da. Das ist das Elefantenhaus. Hier wohnt der große Elefantenbulle Setschmo mit seiner Frau Sumo Sumarum und ihrem kleinen Sohn Trumpy. Um diese Zeit sind sie meistens ganz hinten am Pool und baden. Wenn ihr in das Gehege geht, solltet ihr aber gut aufpassen, dass sie euch kommen sehen. Ansonsten kann es passieren, dass die großen Tiere versehentlich auf euch treten.“
Roland und seine Begleiter bedanken sich bei Rosetta. Die büschelt ihre Schwanzfedern und baut ihnen damit eine Rutschbahn bis zum Boden.

„Guten Rutsch!“, wünscht sie.
Kleber lässt sich nicht zweimal bitten und rutscht los. Doch er bleibt mit einem Fuß im Gefieder hängen und beginnt zu purzeln. Am Ende kullert er mit hohem Tempo auf den Boden, wo er sich noch ein paar Mal wie ein Kreisel dreht.
Beim Aufstehen torkelt er herum, bis er nach einer Weile wieder einen klaren Kopf hat. Die anderen schaffen die Rutschbahn ohne Probleme. Zufrieden schauen sie sich an.
Endlich geschafft! Sie sind bei den Elefanten angekommen. Wülli kann es nicht mehr erwarten und rennt los in Richtung Pool.
„Warte Wülli!“, ruft ihn Roland zurück.
„Du hast doch Rosetta gehört. Wir müssen sicherstellen, dass uns die Elefanten nicht übersehen und platt treten.“
„Ach so, ja … Und wie sollen wir das anstellen? Ich selber bin ja noch einigermaßen groß, aber ihr Käfer seid klein und dunkel. Ihr seid kaum zu erkennen.“
Doch Kleber hat eine Idee: „Wir könnten uns aufeinanderstellen, dann sind wir viel größer.“

Dreher hat noch einen anderen Vorschlag. „Wir nehmen eine farbige Blume mit, damit fallen wir bestimmt auf."
„Achtung Paketbombe!", ruft der kleine Elefant Trumpy und springt von einem Felsvorsprung in den Pool, sodass eine Menge Wasser herumspritzt. Daraufhin füllt Vater Setschmo schnell seinen Rüssel mit Wasser und wartet, bis Trumpy wieder auftaucht. Als dessen Kopf erscheint, kriegt er die volle Ladung ins Gesicht gespritzt.
Setschmo lacht zufrieden über seinen gelungenen Angriff. Doch er hat sich zu früh gefreut. Jetzt kriegt er seinerseits von Mutter Sumo Sumarum einen Wasserstrahl an den Hinterkopf, dass seine Ohren nur so flattern. Die drei Elefanten lachen laut. Dann werden sie plötzlich still, schauen sich an – und laden alle so schnell sie können ihre Rüssel wieder auf, damit sie als Erster wieder angreifen können. Sie spritzen sich kreuz und quer mit Wasser ab, bis ein paar hundert Liter später die Schlacht für unentschieden erklärt wird.

Die drei steigen lachend aus dem Becken. Sie haben jetzt Hunger und gehen sich deshalb etwas aus dem frisch gefüllten Futtertrog holen.
Doch auf ihrem Weg bleibt Sumo Sumarum abrupt stehen. Die anderen bemerken das und drehen sich nach ihr um. Sie wundern sich, warum die Mutter mit großen Augen auf den Boden starrt, und folgen ihrem Blick. Jetzt bekommen auch sie tellergroße Augen.
„Was ist denn das?“, fragt Sumo Sumarum staunend.
Doch Trumpy antwortet wie selbstverständlich: „Das ist eine Wühlmaus und drei aufeinander gestapelte Käfer, die Blumen schwenken. Das ist doch ganz deutlich zu erkennen.“
„Ja“, antwortet Sumo Sumarum. „Das ist ganz deutlich zu erkennen.“
Setschmo macht einen Schritt auf die Besucher zu. Das scheint diese aber zu erschrecken. Sofort beginnen sie in alle Richtungen davonzurennen.

„Hilfe, er wird uns platt machen!“, ruft einer der Käfer und ein anderer ruft zurück: „Schwenk die Blume! Schwenk die Blume!“ Dabei wirbelt er seine eigene Blume heftig herum, als wäre sie ein Propeller. Dadurch sind allerdings die meisten Blätter bereits abgefallen.

„Was macht ihr denn da?“, fragt Setschmo und bleibt wieder stehen. „Seid ihr eine Gruppe von Artisten? Arbeitet ihr in einem Zirkus?“

Bei den Worten hören die kleinen Besucher auf zu rennen und sammeln sich wieder zu einer Gruppe. Sie tuscheln kurz, dann stoßen sie einen der Käfer aus ihrer Mitte nach vorne. Der Käfer räuspert sich und spricht laut: „Ähem. Guten Tag. Ich bin der Mistkäfer Roland, Chefkugelbauer aus Kastanietta. Wir haben euch lange gesucht, denn wir müssen unbedingt eine Riesenkugel bauen, um damit die käfrigen Käfer aus Grönoble zu besiegen. Diese haben nämlich das Rudel Wildschweine auf ihrer Seite. Und obwohl jeder Fachmann weiß, dass Wildschweine kein gutes Material liefern für große Kugeln, sollte man sich nicht darauf verlassen. Aber das ist nicht unser Problem. Wir sind hier, um von euch einen großen Haufen mitzunehmen und damit die größte Kugel zu bauen, die je ein Käfer gebaut hat. Die Kugel wird in die Geschichte eingehen. Die Kinder unserer Kinder werden noch davon berichten. Es wird einfach fantastisch. Wir danken euch im Voraus. Könnt ihr uns bitteschön sagen, wohin ihr eure Haufen macht?“

Alle sind einen Moment still. Dann schaut Setschmo seine Frau Sumo Sumarum an und fragt: „Hast du das verstanden?“

Sumo Sumarum schüttelt den Kopf, wobei ihr Rüssel lustige Wellen macht.

„Etwas mit einer riesigen Kugel voll Wildschweinen, glaub’ ich.“

Trumpy ist ganz aufgeregt und hüpft von einem Bein aufs andere. „Sie wollen aus unserem Mist eine riesige Kugel bauen. Damit gewinnen sie dann gegen die Mistkäfer aus Grönoble, welche mit dem Mist von Wildschweinen keine Chance haben werden.“

„Aha …“, setzt Setschmo an, und um etwas Zeit zum Nachdenken zu gewinnen, putzt er seinen Rüssel mit mehreren Luftstößen durch, was Töne wie eine Trompete macht.
„Nun, so etwas Seltsames habe ich zwar noch nie gehört, aber ich muss zugeben, dass ich auch schon lange im Zoo lebe und nichts weiß über Mistkäfer und ihre Sitten. Auch die Pfau-Dame Rosetta hat bisher noch nie von Mistkäfern erzählt. Und die kommt schließlich herum.“
„Darf ich ihnen helfen, Papa? Bitte, bitte! Die Käfer aus Grönoble putzen wir locker weg. Wir bauen eine riesige Riesenkugel. Ich glaube, ich spüre auch schon einen kleinen Druck im Bauch. Das gibt bestimmt einen Riesenhaufen!“
Alle schauen Trumpy an, der Augen und Lippen zusammenpresst und sich mächtig anstrengt. Aber außer einem roten Kopf und einem kleinen Pups kriegt er nichts zustande. „Uff! Ich geh ein paar Möhren essen. Dann geht es sicher besser.“
Er dreht sich um und rennt davon.

Kapitel 7

Neue Wege

„Dieser Schweinekram ist einfach nicht zu gebrauchen!“, schimpft Hans verärgert.
Eine Kugel aus dem Mist der Wildschweine fällt ab einer bestimmten Größe immer auseinander.
„So haben wir gegen den holländischen Kastaniettenkäfer keine Chance.“
Hans nimmt eine Handvoll Wildscheinmist und klatscht ihn mit voller Wucht auf den Boden.
„Pause für alle. Ich muss mir etwas einfallen lassen. So wird das nichts.“
Hans ist nicht nur verärgert, er ist auch verzweifelt. Sie haben in Grönoble zwar Berge von Wildschweinmist, aber sie können damit keine große Kugel bauen. Was tun? Da ist guter Rat teuer.
Während Hans in trüben Gedanken versinkt, hat Kalvin Klitzeklein eine Idee. Er zieht entschlossen seine Unterhose hoch und macht

sich auf den Weg zu Hans. Der hat schlechte Laune und keine Lust auf Besucher.
„Was ist los, Kalvin? Ich weiß, was du mir sagen willst. Roland ist nicht aus Kastanietta, sondern aus Holl…“
„Darum geht’s nicht“, fällt Kalvin ihm schnell ins Wort. „Ich habe eine Idee, wie man mit dem Wildschweinmist eine große Kugel bauen kann.“
„Ach? Und wie soll das deiner Meinung nach gehen?“, fragt Hans ungläubig, aber auch ein klein wenig hoffnungsvoll. Er hält zwar nicht viel von einem Käfer in Unterhosen, aber er braucht unbedingt neue Ideen.
„Hör zu“, setzt Kalvin an, „wir haben doch diesen Haufen Mist vom Fuchs. Der wäre ja hervorragend geeignet, um damit eine Riesenkugel zu bauen, die nicht auseinanderfällt.“
„Wenn wir solche Berge davon hätten wie von dem Schweinekram – was wir nicht haben. Da kann das Material noch so gut sein. Und in der verfügbaren Zeit bekommen wir vom Fuchs nicht genug zusammen. Es gibt

hier ja nur den einen, und wie ich gehört habe, leidet er seit einigen Tagen auch noch an Verstopfung."

„Aber wir brauchen gar nicht mehr als das, was wir bereits haben", antwortet Kalvin aufgeregt. „Wir machen mit dem Mist der Wildschweine eine Kugel, die so groß ist wie möglich. So, dass sie gerade noch hält und nicht auseinanderfällt. Dann nehmen wir den Mist vom Fuchs und bauen eine dünne Schutzschicht drüber."

„Du meinst, so wie eine Eierschale?", wirft Hans ein und ist jetzt hellwach.

„Ja, genau. Und dann machen wir wieder eine dicke Schicht vom Schweinekram drauf und wieder eine dünne Schale vom Fuchs drumherum."

Hans denkt kurz nach.

„Kalvin, ich glaube, das ist eine prima Idee", lobt er. Er klopft Kalvin anerkennend auf die Schulter, der zufrieden seine Unterhose erneut hochzieht.

Hans steigt auf einen kleinen Hügel, damit ihn alle Käfer gut sehen können.

„Alle herhören!“, ruft er und die Käfer drehen sich schwerfällig zu ihm herum, denn sie sind alle etwas müde von der vielen Arbeit. „Also, soeben hat mir Kalvin Klitzeklein etwas höchst Interessantes erzählt ...“
„Ja, ja ...“, nörgelt einer der Käfer nahe am Hügel, „... der Roland ist nicht aus Holland. Das wissen wir bereits.“
Hans stutzt einen Moment.
„Was soll das heißen? Natürlich ist der Roland aus Ho... Darum geht’s jetzt nicht. Es geht um eine Idee, wie man mit dem ganzen Schweinekram eine große Kugel hinbekommen kann, die nicht gleich auseinanderfällt. Also, hört gut zu.“
Hans erklärt ihnen Kalvins Eierschalentechnik. Der steht daneben und platzt fast vor Stolz. Grönoble wird gewinnen und Kalvin wird als Held gefeiert werden. Er sieht vor seinem inneren Auge, wie ihn alle bejubeln und auf den Schultern herumtragen, während sie rufen: „Kalvin ist der Größte, er lebe hoch!“ Und dann wollen alle so eine Unterhose tragen wie er.

Während Kalvin noch vor sich hin träumt, machen sich die anderen Käfer in Grönoble an die Arbeit.
Endlich glauben sie wieder an den Sieg. Mit dieser Technik werden sie Kastanietta in den Schatten stellen. Jetzt werden sie bestimmt Weltmeister.

Kapitel 8
Auf und ab

Im Zoo kaut Trumpy fleißig auf einem Stück Möhre, während Setschmo mit Roland das weitere Vorgehen bespricht.
„Wenn du es schaffst, hier mit unserem Mist eine riesige Kugel zu bauen, der Wettkampf aber bereits übermorgen in der Lichtung zwischen Grönoble und Kastanietta stattfindet, wie willst du die riesige Kugel so schnell bis dorthin schaffen?"
Roland nickt nachdenklich. „Ich weiß ... Ich meine, ich weiß, dass ich es noch nicht weiß."
Sumo Sumarum schlägt vor, Rosetta um Rat zu fragen. „Rosetta kommt am meisten herum. Sie hat bestimmt einen guten Tipp."
Roland ist einverstanden.
„Rosetta kommt aber erst morgen wieder", fügt Sumo Sumarum an.
„Oh nein", jammert Roland. „Die Zeit ist doch bereits knapp geworden. Jetzt sollen wir sie erst morgen fragen?" Roland stöhnt.

„Wieso fragt ihr mich dann nicht heute schon?“, hören sie eine Stimme und dann sehen sie, dass Rosetta immer noch am Rand des Geheges steht und alles mitgehört hat. „Ich muss zugeben, dass ich heute mit meiner Runde sehr in Verzug bin. Einige Zoobewohner werden sicher schon ganz ungeduldig sein. Aber ich war so neugierig zu sehen, was ihr hier treibt, dass ich noch etwas geblieben bin.“
„Rosetta, du bist die beste Pfau-Dame der Welt“, jubelt Roland.
„Der Gorilla könnte euch vielleicht helfen“, schlägt Rosetta vor.
„Meinst du Mono Nonsens?“, fragt Sumo Sumarum.
„Ja, genau den. Ich denke, mit seinen langen und starken Armen könnte er die Mistkugel sehr weit werfen, vielleicht sogar bis direkt nach Kastanietta.“
Die Elefanten schauen ungläubig. Auch Roland hat seine Zweifel. „Das müsste aber ein sehr weiter Wurf sein. Meinst du wirklich, Mono Nonsens schafft das?“

„Wir können ihn ja fragen“, meint Rosetta. „Bedenkt aber eins, wenn wir mit ihm sprechen: Er kann es nicht ausstehen, wenn man ihn nachäfft.“

Kurz darauf sitzen Roland und seine Gefährten wieder auf dem Rücken von Rosetta und traben durch den Zoo bis zum Affengehege. Nachdem Rosetta ihnen Mono Nonsens vorgestellt hat, kommt Roland schnell zur Sache: „Rosetta meint, du kannst uns vielleicht dabei helfen, eine große Mistkugel bis nach Kastanietta zu bringen. Kastanietta liegt weit draußen am Waldrand.“
Roland zeigt in die ungefähre Richtung, in der er Kastanietta vermutet. Der Gorilla schaut in diese Richtung, schirmt dabei mit der linken Hand die Augen ab und beginnt, sich mit der rechten unter der rechten Achsel zu kratzen. Sofort verspürt auch Kleber einen Juckreiz unter den Armen. Er will den Gorilla aber nicht nachahmen und versucht, den Juckreiz deshalb zu ignorieren. Um sich besser abzulenken, beginnt er leise, ein Lied

zu pfeifen. Dreher will ihn gerade bitten, damit aufzuhören, als der Gorilla spricht: „Obwohl ich der Stärkste im ganzen Zoo bin …“ Er steht auf, bläst seine Brust auf und trommelt mit beiden Fäusten darauf herum. Kleber fragt sich, ob das wohl so etwas Ähnliches wie das Geklapper des Storches darstellen soll.

Der Gorilla hört auf zu trommeln, doch gerade, als er dazu ansetzt, mit einem mächtigen Brüllen seine Besucher zu beeindrucken, hört man deutlich, wie eine Stimme sagt: „Oho, ich bin der Stärkste im ganzen Zoo. Schaut mich an, wie toll ich meine Brust aufblasen kann. Gleich flieg ich davon wie ein Ballon.“

Roland und seine Gefährten schauen erschrocken um sich. Wer war das?

Rosetta schüttelt den Kopf. „Oje, das hat uns noch gefehlt. Das Krokodil Krukident ist aufgewacht …"
Der Gorilla steht immer noch mit aufgeblasener Brust da. Dann lässt er die Luft durch den Mund entweichen, wobei seine Lippen flattern. Er schiebt seinen Unterkiefer ein Stück nach vorne und schaut grimmig in Richtung des Krokodilteichs.
Rosetta versucht, ihn abzulenken. „Nun, was wolltest du gerade sagen, Mono Nonsens? Obwohl was? Kriegst du das hin oder sollen wir nach einer anderen Lösung suchen?"
Mono Nonsens schnaubt kurz, dann kratzt er sich mit der rechten Hand unter der rechten Achsel – worauf Kleber wieder zu pfeifen beginnt – und antwortet nach kurzem Nachdenken gelassen: „Ich werfe euch das Zeug, wohin ihr wollt. Wenn es sein muss bis mitten auf den Dorfplatz von Koralletta."
Er zieht seinen Unterkiefer wieder zurück und fängt an, gelangweilt in der Nase zu bohren.
„Das ist ja hervorragend, Mono Nonsens. Das Dorf heißt zwar Kastanietta, aber das

ist ja egal. Wichtig ist nur, dass wir eine Lösung gefunden haben."
Roland schaut zu Rosetta hoch, die zwar nickt, aber irgendwie nicht ganz überzeugt scheint. Schnell machen sie sich auf den Weg zurück zu den Elefanten, um einen großen Haufen zu holen.

Trumpy hat inzwischen zwar ein halbes Dutzend Möhren gegessen, damit aber noch keinen Erfolg gehabt. Dafür hat Setschmo ihnen einen mächtigen Haufen gemacht.
Nach einigem Zureden stimmt Rosetta schließlich zu, den Ballen auf ihrem Rücken zu transportieren. Wülli hat sie halbwegs davon überzeugt, dass ihr Gefieder durch die wertvollen Nährstoffe im Mist noch schöner glänzen würde. Wieso Wülli etwas von Federn verstehen sollte, hat sie sich offenbar nicht überlegt.
Mithilfe von Trumpy ist der Haufen schnell auf dem Rücken von Rosetta platziert. Und einige heikle Kurven später laden sie ihn bereits vor Mono Nonsens' Gehege ab.

Langsam kommt dieser auf sie zu geschlurft. Mono Nonsens sieht sich den Haufen an, hebt ihn auf und wiegt ihn in der Hand. Er drückt ihn zu einer festen Kugel zusammen und wirft diese langsam von einer Hand in die andere. Dabei schaut er grob in die Richtung von Kastanietta.
Roland und seine Gefährten sind sehr aufgeregt, bemühen sich aber, keine störenden Geräusche zu machen.
Mono Nonsens richtet sich auf, atmet tief ein und lehnt sich dann einen Moment weit zurück, um Schwung zu holen. Dann rennt er zwei Schritte nach vorne und mit einem ohrenbetäubenden Schrei wuchtet er die Kugel in die Luft.
Die Käfer und Wülli sind mächtig beeindruckt von Mono Nonsens' Kraft. Rosetta schaut weiter misstrauisch.
Alle verfolgen die Kugel, die schnell an Höhe gewinnt. Sie fliegt und sie steigt und steigt – bis sie irgendwann nicht mehr weiter steigt und anfängt zu fallen. Sie fällt immer schneller und schließlich landet sie

mit einem „Platsch!“ mitten im Teich des Krokodils.
Roland und seine Freunde sind entsetzt und stehen da wie versteinert. Der Wurf schien zwar gut, war am Ende aber nicht annähernd weit genug. Die Kugel schaffte es nicht mal aus dem Zoo hinaus.
Plötzlich sehen sie, dass sich im Krokodilgehege etwas bewegt. Offenbar hat das Geräusch Krukident aus seinem Schlummer geholt.
„He, was war das?“, ruft das Krokodil, als es die Wellen bemerkt und sieht, dass alle zu ihm herüberstarren. „Ihr habt doch nicht irgendwelchen Müll in meinen Teich geworfen, oder? Bananenschalen oder so was?“
Alle drehen sich zum Gorilla um. Aber der ist nicht mehr da. Er ist leise zu seinem Strohbett geschlurft. Da macht er es sich jetzt gemütlich, nimmt sich eine Banane und beginnt sie zu schälen. Auf seinem Gesicht macht sich ein zufriedenes Grinsen breit.
„Der Affe hat uns reingelegt“, stellt Roland ernüchtert fest. Er schaut zum Krokodil hinüber und presst die Lippen zusammen, um

nicht versehentlich etwas Falsches zu sagen. Er möchte Krukident auf keinen Fall erzählen, was genau in seinem Teich gelandet ist. Das Krokodil wird es mit der Zeit schon selber merken. Dann will Roland aber weit weg sein.
Als er sich zu Rosetta umdreht, hat diese ihnen mit dem Schwanz bereits die Rampe zum Aufsteigen bereitmacht.

Zurück im Elefantengehege brüten alle wieder über mögliche Lösungen ihres Transportproblems.
Trumpy meint leise: „Ich würde ja gerne mit euch kommen, aber wir können hier nicht raus. Was wir normalerweise auch gar nicht wollen. Außer heute …“
Daraufhin seufzt Dreher. „Gibt es in diesem riesigen Zoo denn kein Tier, das in der Lage ist, die Kugel zu tragen und den Zoo damit zu verlassen?“
Alle schielen zu Rosetta. Die denkt eine Weile nach, dann lächelt sie. „Da gäbe es schon jemanden, der dazu in der Lage wäre. Ich

glaube, dass der Pelikan Tinti die große Kugel in seinem Schnabel bis nach Kastanietta fliegen könnte. Aber ich glaube auch, dass es schwierig werden könnte, ihn dazu zu überreden, die Mistkugel in seinen Schnabel zu nehmen."

Allen ist klar, dass der Vogel keine Lust auf eine stinkende Kugel in seinem Schnabel hat. Nur Kleber scheint es nicht zu verstehen. „Warum denn nicht? Wir können ihm zum Dank ja auch eine schöne Kugel machen, die er dann behalten und bei sich zu Hause aufstellen kann."

„Da würde er sich bestimmt freuen", meint Rosetta und verdreht die Augen, während die anderen sich nur mit Mühe ein Lachen verkneifen können.

Nachdem sie Kleber aufgeklärt haben, verwerfen sie die Idee mit dem Pelikan und grübeln weiter. Wülli meint leise, als wenn er nur laut denken würde: „Vielleicht kann uns ja jemand von draußen helfen." Alle schauen ihn fragend an. Wülli gefällt seine eigene Idee aber immer besser und er redet aufgeregt weiter: „Wir könnten jemanden nach Kastanietta senden, um den anderen Käfern Bescheid zu geben, dass sie schnell herkommen müssen. Wenn alle kommen, haben wir in kurzer Zeit ganz viele kleine Helfer, die ganz viele kleine Kugeln transportieren können. Die setzen wir in Kastanietta dann wieder zu einer ganz großen Kugel zusammen."

Wülli schaut in die Runde und sieht, wie sich die Gesichter seiner Freunde langsam aufhellen.

„Das ist eine tolle Idee", meint Roland schließlich. „Jetzt müssen wir nur noch einen Weg finden, wie wir alle Käfer möglichst schnell herbekommen. Wenn sie zu Fuß kommen wie wir, wird die Zeit nicht reichen."

Aber da wirft Wülli ein: „Vielleicht kann uns der Pelikan ja doch helfen. Statt die Mistkugel nach Kastanietta zu fliegen, kann er die Mistkäfer aus Kastanietta hierher fliegen. In seinem großen Schnabel finden sie doch bestimmt alle Platz. Und die Käfer stinken ja nicht. Das sind alles feine Käfer."

Alle sind von dieser Idee begeistert, und Wülli und Rosetta eilen zum Pelikan, um ihn für ihre Idee zu gewinnen.
In der Zwischenzeit wollen Roland, Dreher und Kleber die Kugeln vorbereiten, damit sie bei Ankunft der Käfer aus Kastanietta gleich loslaufen können.

Kapitel 9

Ein seltsamer Vogel

Währenddessen arbeiten in Grönoble Hans und seine Käfer an ihrer schnell wachsenden Kugel. Die Idee, das Material der Wildschweine mit dem des Fuchses abzuwechseln, funktioniert hervorragend.
Hans kontrolliert, dass alles an die richtige Stelle kommt, und korrigiert immer wieder, wenn einer seiner Käfer das falsche Material verwendet.
Neben ihm steht Kalvin Klitzeklein, der stolz verfolgt, wie die Arbeit vorangeht und die Kugel dank seiner Idee wächst und wächst.
Alles läuft wunderbar, denkt Kalvin. Doch als er zum Himmel hochschaut, wird er stutzig.
Ein Vogel fliegt vorbei, den er noch nie zuvor gesehen hat. Ein großer Vogel mit einem großen Schnabel. Und er hat den Eindruck, dass dieser Vogel genau in die Richtung von Kastanietta fliegt.

Was mag das bedeuten? Könnte er den Sieg von Grönoble gefährden?, fragt er sich.
Der Vogel ist zwar groß, aber er macht sicher nicht genügend Mist, um Kastanietta zum Sieg zu verhelfen.
Er überlegt noch eine Weile, beschließt dann aber, den Vogel wieder zu vergessen. Doch genau in dem Augenblick sieht er ihn erneut.
Er fliegt diesmal von Kastanietta wieder weg in die Richtung, aus der er zuvor gekommen war.
Etwas ist jetzt aber anders. Kalvin kommt nicht darauf, was es ist.
Dann erkennt er es deutlich. Der Schnabel des Vogels ist jetzt viel größer, als wäre er mit etwas gefüllt.
Kalvin Klitzeklein rennt zu Hans und zeigt es ihm. Auch Hans ist verblüfft, denn auch er hat so einen Vogel bisher noch nie gesehen.
Er schaut genauer hin. Ist es möglich? Nein. Oder doch?
Er beugt sich zu Kalvin runter und fragt ihn, ohne seinen Blick vom Vogel abzuwenden: „Schau mal, Kalvin – lehnt da nicht etwas

aus dem Schnabel des Vogels raus und winkt uns zu?“

Kapitel 10
Abschied

Wülli genießt den Ausblick aus dem Schnabel des Pelikans, und als sie an Grönoble vorbeifliegen, kann er es sich nicht verkneifen, zu winken.
Tief im Inneren des Schnabels sitzen alle Mistkäfer aus Kastanietta. Keiner hat es sich nehmen lassen, mitzufliegen. Deshalb ist es ziemlich eng und die Käfer liegen teilweise übereinander. Durch das ständige Schaukeln ist vielen übel. Sie jammern und fragen ständig, wann sie endlich da sind.
Der Pelikan fliegt so schnell er kann, denn die Käfer kitzeln ihn mit ihren kleinen Krabbelbeinchen ganz schrecklich im Schnabel. Er ist das nicht gewohnt. Normalerweise trägt er darin nur tote Fische. Das riecht man deutlich und auch deswegen ist den Käfern so übel.
Nur Wülli hat das Glück, groß genug zu sein, um sich am Schnabelrand festhalten zu

können und den frischen Wind zu genießen. Wieder ruft Doktor Botscha aus der Tiefe: „Wie weit ist es denn noch, Wülli?"
„Wir überfliegen gerade die Straße. Es geht also nicht mehr lange."
„Ich hoffe es, ich kann auch nicht mehr lange durchhalten."
Und tatsächlich haben sie den Weg, für welchen die Käfer zu Fuß mehr als zwei Tage gebraucht haben, schon fast geschafft.

Im Elefantengehege arbeiten Roland, Dreher und Kleber ohne Pause an der Vorbereitung der Kugeln. Trumpy ist erleichtert, weil ihm dafür endlich ein großer Haufen gelungen ist. Schritt für Schritt wird der Haufen in kleine Kugeln verwandelt, die sich – wie für Roland üblich – hervorragend rollen lassen. Die fertigen Kugeln verstecken sie unter einem großen Blatt, welches von einem Baum im Gehege runtergefallen ist. Das müssen sie tun, damit die Menschen sie nicht finden. Trumpy hat ihnen nämlich erzählt, dass es sogenannte Menschen gibt, welche regel-

mäßig in das Gehege kommen, um den Mist zu stehlen. Da Menschen auch das Futter bringen, freuen sie sich normalerweise über ihren Besuch. Sie hatten bisher ja auch keine Verwendung für den Mist und wussten nicht, dass der so wertvoll ist.
Die Käfer sind ganz in ihre Arbeit vertieft, als Trumpy aufgeregt ruft: „Sie kommen!"
Kleber schaut zum Himmel und sucht nach dem Pelikan. Aber Trumpy meinte die Menschen. Sofort rennen die Käfer unter das Blatt und verstecken sich neben ihren Kugeln.
Derweil versuchen Setschmo und Sumo Sumarum, die Menschen vom Blatt abzulenken. Das klappt anfangs ganz gut. Dann entdeckt einer der Menschen Trumpys Haufen, oder was davon noch übrig ist.
Er nimmt eine Schaufel und einen Besen und wischt damit den Haufen auf. Jetzt fällt ihm auch das Blatt daneben auf, unter dem sich die Käfer und die fertigen Kugeln befinden. Er geht langsam darauf zu. Roland und seine Freunde sehen es und fangen ängstlich

an zu zittern. Dann hebt der Mensch das Blatt hoch und Roland kann gerade noch erkennen, wie die Augen des Menschen groß wie Hühnereier werden. Er denkt zuerst, der Mensch macht so große Augen, weil er sich über die vielen Bällchen und die Käfer wundert. Aber der Mensch blickt nicht zu ihnen runter, sondern zur Seite. Von da kommt nämlich Trumpy in vollem Tempo angerannt. Bevor der Mensch realisiert hat, was genau los ist, hat Trumpy ihm schon – wumm! – einen wuchtigen Kopfstoß versetzt.

Der Mensch rudert wild mit den Armen, während er rückwärts in Richtung Pool torkelt. Vergebens – er findet sein Gleichgewicht nicht mehr rechtzeitig und fällt rücklings ins Wasser. Die anderen Menschen kommen angerannt. Als sie ihren Kollegen im Wasser sehen, fangen sie an zu lachen und fragen: „Hattest du heute Morgen denn keine Zeit mehr zum duschen?“

Roland und Kleber haben daraufhin gleich doppelt Glück. Die Menschen verlassen das Gehege mit ihrem nassen Freund und lassen sogar noch die zuvor aufgewischten Haufen zurück.

Die Käfer sind erleichtert und bedanken sich bei Trumpy. Dann machen sie sich gleich wieder an die Arbeit.

Gerade als sie den letzten Rest von Trumpys Haufen zu einer schönen kleinen Kugel verarbeiten, sehen sie, wie der Pelikan sich am Himmel abzeichnet.

Nach ein paar kräftigen Flügelschlägen landet er bereits im Elefantengehege. Gerade rechtzeitig, denn der Pelikan kann dem Kit-

zeln in seinem Schnabel nicht länger widerstehen und muss kräftig niesen, noch bevor die Passagiere aussteigen können.
Und so kommt es, dass es plötzlich überall um Roland und Kleber herum Mistkäfer regnet. Es ist, als stünden sie in einer Popcorn-Maschine. Nur macht dieses Popcorn nicht „plopp“, sondern ruft ständig „aua!“, wenn es auf den Boden fällt.
Bald sind alle Käfer gelandet und froh, dass sie endlich wieder Luft ohne Fischgeruch atmen können. Nur Wülli schaut etwas wehmütig auf seinen Rücken, wo an einer Stelle seine Fellhaare einfach weggeniest wurden.
Trotzdem bedankt er sich bei Tinti für den schönen und schnellen Flug.
Der Pelikan sieht nicht sehr glücklich aus und erwidert: „Bitteschön. Und denkt dran: Wenn ihr wieder einmal Hilfe braucht – fragt jemand anderen.“
Und mit zwei, drei kräftigen Flügelschlägen ist er verschwunden.
„Großartig!“, freut sich Onkel Kubus beim Anblick der vielen Kugeln. „Die ergeben zu-

sammen eine riesige Riesenkugel. Damit werden wir bestimmt gewinnen. Meinst du, sie wird halten?“
„Aber ganz bestimmt“, ist sich Roland sicher. „Das hält besser als alles andere, was ich je gebaut habe. Auf jeden Fall besser, als der Mist der Wildschweine. Also los, lasst uns keine Zeit verlieren.“
Die Käfer verabschieden sich von den Elefanten und danken insbesondere Trumpy für seine Hilfe. Der wünscht ihnen alles Gute. Roland muss ihm versprechen, nach dem Wettkampf Schmatz vorbeizuschicken, damit er erfährt, wer Weltmeister geworden ist. Und dann verlässt Roland mit der letzten Kugel das Elefantenhaus.

Kapitel 11

Die Nachricht

Auf der Reise zurück nach Kastanietta gibt es viele Unfälle. Immer wieder stoßen Käfer mit ihren Kugeln zusammen. Manchmal wird dabei ein Käfer zwischen zwei Kugeln eingeklemmt. Das ist fast so schlimm, wie wenn man sich den Finger in der Türe einklemmt. Nur wird statt des Fingers der ganze Käfer eingeklemmt. Einige Käfer erzählen auch, sie hätten im Tunnel unter der Straße einen Geist gesehen.

Endlich erreichen sie alle irgendwie Kastanietta und rollen die Kugeln auf den großen Dorfplatz. Roland geht sofort in die Mitte des Platzes, stellt sich auf eine Kugel und ruft so laut er kann: „Wir müssen jetzt alle so gut und schnell arbeiten, wie wir können. Der Wettkampf findet bereits morgen früh statt und es wird nicht einfach sein, in so kurzer Zeit alle diese kleinen Kugeln zusammenzupappen. Wir beginnen mit der Kugel,

auf der ich stehe, und arbeiten uns bis nach außen zur letzten Kugel."
Alle rufen: „Jawohl!", krempeln die Ärmel hoch und machen sich an die Arbeit.

Als es schon Nacht geworden ist in Kastanietta, landet Schmatz, der Spatz, auf einem niedrigen Ast in der Nähe und sieht sich das Treiben an. Nach einer Weile entdeckt ihn Roland und ruft zu ihm hinüber: „Na, Schmatz, was meinst du? Wer hat morgen die größere Kugel?"
Der Spatz schaut sich die fleißig umherrennenden Käfer an, dann betrachtet er die Kugel, welche schon eine stattliche Größe erreicht hat.
Roland wird langsam etwas nervös, weil Schmatz sich mit der Antwort so viel Zeit lässt. „Na? Kannst du dich vielleicht nicht entscheiden?"
„Ich denke doch", entgegnet Schmatz. „Aber es wird dir nicht gefallen. Die Kugel in Grönoble ist nämlich deutlich größer als eure. Vielleicht könnt ihr in dieser Nacht noch et-

was aufholen, weil ihr noch so viele Kugeln übrig habt und eure Kugel deutlich schneller wächst, aber es fehlt euch die Zeit, um sie größer hinzubekommen als die in Grönoble. Bis zum Morgengrauen könnt ihr das einfach nicht mehr schaffen."

Roland ist erschüttert. Er war überzeugt, dass er auch in der kurzen Zeit die größere Kugel hinbekommt. Er hätte außerdem nie gedacht, dass man mit dem Mist der Wildschweine eine so große Kugel bauen kann, ohne dass sie auseinanderfällt.

Aber was soll er jetzt tun? Aufgeben? Nein. Es bleibt ihnen nichts anderes übrig als weiterzukämpfen und alles zu versuchen, was in ihrer Kraft steht. Wenn sie schon nicht gewinnen, dann soll der Wettkampf wenigstens knapp ausgehen.

Die Käfer in Kastanietta arbeiten die ganze Nacht ohne Unterlass und die Kugel wird am Ende tatsächlich riesig – fast zwölf Käfer hoch.
Jetzt muss man sie nur noch zum Wettkampfplatz rollen, zu der kleinen Lichtung auf halbem Weg zwischen Grönoble und Kastanietta. Die Abmachung lautet, dass die Kugeln bei Sonnenaufgang dort präsentiert werden sollen, damit sie gemessen und verglichen werden können. Sobald der erste Sonnenstrahl den Boden der Lichtung berührt, ist die Zeit abgelaufen.
Roland ist seit der Nachricht von Schmatz sehr nachdenklich geworden. Er macht sich Vorwürfe. Hätte er es besser machen können? Aber wie? Jetzt, wo er so viel über die

Tiere im Zoo gelernt hat, würde er sicher anders handeln. Er würde Schmatz gleich zu Beginn losschicken, damit er den Pelikan holt. Damit könnten sie den ganzen Hinweg sparen. Aber Wülli musste auf dem Hinweg ja auch noch den Tunnel unter der Straße graben, den sie dann beim Rückweg nutzen konnten.
Er ist sehr betrübt, und obwohl ihm bisher keiner der Käfer einen Vorwurf gemacht hat, wird er das Gefühl nicht los, dass er die Schuld an ihrer nahenden Niederlage trägt. Onkel Kubus und Doktor Botscha müssen bestimmt sehr enttäuscht sein von ihm.
Der Himmel scheint an diesem Tag auch nicht bester Laune zu sein. Viele dunkle Wolken sind aufgezogen und es sieht stark nach Regen aus. Aber das ist Roland jetzt egal. Er rollt die schwere Riesenkugel mit den anderen Käfern langsam zur Lichtung.
Neben ihm hilft Onkel Kubus, was seine dünnen Beinchen hergeben. *Unglaublich,* denkt Roland, *dass Onkel Kubus auch in einer solch aussichtslosen Lage noch fröhlich*

lächelt. Aber er hört ja manchmal nicht gut und hat darum sicherlich nicht mitbekommen, dass Schmatz ihnen keine Chance gegeben hat, die Kugel aus Grönoble über Nacht zu übertreffen.

„Weißt du, Roland“, fragt Onkel Kubus heiter, „findest du nicht auch, dass dieser Wettkampf ein tolles Erlebnis war? Nach dem, was du uns von eurer Reise erzählt hast, wäre ich so gerne mit dabei gewesen. Aber meine dünnen Beinchen sind für so eine Reise nicht mehr fit genug. Die Geschichten darüber zu hören, hat mich jedoch bereits sehr glücklich gemacht. Was es doch alles für Tiere gibt auf dieser Welt!“

Onkel Kubus muss kurz innehalten, weil der Weg jetzt leicht aufwärts führt und diese Anstrengung seinen ganzen Atem beansprucht.

„Stell dir vor“, fährt er beim nächsten Flachstück fort, „wenn wir diesen Wettkampf nicht veranstaltet hätten, wärst du die ganze Zeit über hier in Kastanietta geblieben und hättest dein Vorratslager gefüllt. Du hättest nicht gewusst, was Schildkröten sind. Du wärst nie auf einem Pfau geritten und du hättest nie Freundschaft mit einem Elefanten geschlossen. Du hättest nicht mal gewusst, wie ein Elefant aussieht und ob es ihn wirklich gibt."

„Aber Onkel Kubus", entgegnet Roland, „wir werden verlieren und alle werden ein bisschen wütend auf mich sein, weil ich es nicht besser hinbekommen habe."

„Roland, was redest du denn da? Wir sind doch alle unheimlich stolz auf dich und deine Kunst. Dank dir haben wir eine Kugel gebaut, wie es sie noch nie gegeben hat. Die Qualität dieser Kugel ist unübertroffen. Noch nie zuvor hat ein Käfer eine so schöne und feste Kugel dieser Größe gerollt. Diese Kugel wird wahrscheinlich mehrere Käfergenerationen lang halten. Ich weiß zwar nicht, wie die käfrigen Käfer aus Grönoble es geschafft haben, mit dem Mist der Wildschweine eine so große Kugel zu bauen, ohne dass sie auseinanderfällt, aber ich bin sicher, dass die Qualität bei Weitem nicht so

gut ist wie bei unserer. Wahrscheinlich fällt ihre Kugel beim ersten großen Regen auseinander wie ein Pudding. Ha! Ha!“
Onkel Kubus lacht laut auf, verstummt dann aber plötzlich. Roland und Onkel Kubus sehen sich mit großen Augen an. Dann schauen beide zum Himmel.
Die Wolken werden immer dunkler. Aus der Ferne ist ein tiefes Grollen zu hören. Ein Sturm braut sich zusammen. Es wird regnen. Ganz sicher. Und es wird viel regnen.
Onkel Kubus kichert und Roland fragt: „Du glaubst doch nicht ...“
„Ich glaube gar nichts“, unterbricht ihn Onkel Kubus. „Ich rolle nur unsere wetterfeste Kugel zum Wettkampfplatz und schaue mir dann an, was aus Grönoble angerollt kommt.“
Beide arbeiten wortlos weiter. Immer wieder werfen sie einen Blick zum Himmel.

Kapitel 12

Der Wettkampf

„Vorwärts, Freunde, der Sieg ist unser!“
Hans und seine Käfer rollen ihre riesige Kugel mühevoll zur Lichtung. Auch sie haben vom Spatz gehört, dass ihre Kugel deutlich größer ist als die aus Kastanietta – mindestens zwei Käferlängen größer – und sie können es deshalb kaum erwarten, die Lichtung zu erreichen.
Kalvin Klitzeklein hat für den heutigen Feiertag eine frische Unterhose angezogen. Schließlich ist er einer der wichtigsten Käfer bei diesem bevorstehenden Sieg. Ohne seine geniale Idee mit den harten Schalen und den weichen Zwischenschichten hätten sie niemals eine so große Kugel hinbekommen.
Natürlich ist die Kugel etwas empfindlich. Man muss aufpassen, dass man nicht über spitze Steine rollt. Die harten Schalen sind sehr dünn, wie bei einem Hühnerei. Wenn eine harte Schale bricht, dann wird die wei-

che Schicht darunter nicht lange halten und sich beim Rollen abtragen bis zur nächsten harten Schale. Aber wenn sie aufpassen, ist nichts zu befürchten.
Kalvin Klitzeklein zieht die Unterhose nochmals ganz weit hoch und stößt dann ebenfalls mit ganzer Kraft die Kugel vorwärts.
Hans ist nicht sehr zuversichtlich. Gestern hat er noch viel gelacht und schon ein klein wenig vorgefeiert, als er von Schmatz gehört hat, dass die Käfer aus Kastanietta sie nie und nimmer in einer Nacht einholen konnten. Jetzt will er den Wettkampf möglichst schnell hinter sich bringen, bevor etwas mit der Kugel passiert. Er stößt die Kugel mit aller Kraft vorwärts und rennt immer wieder nach vorne, um sicherzustellen, dass keine Hindernisse im Weg sind.
Seit einer Weile schaut er auch immer wieder argwöhnisch zum Himmel. Die Sonne wird gleich aufgehen und dann werden die Kugeln gemessen.
Aber es sieht nach Regen aus. Viel Regen. Und sollte der Regen fallen, dann wird auch

Grönobles Mannschaft fallen. Er hat es noch niemandem gesagt, weil alle voller Freude in diesen Wettkampf ziehen. Aber Hans weiß, dass die Kugel einen starken Regen nicht überstehen wird. Er hofft deshalb so fest er hoffen kann, dass der Regen erst nach dem Sonnenaufgang kommt. Nach dem Wettkampf.

„Vorwärts!“, treibt er seine Käfer an.

„Rollt diese Siegerkugel zur Lichtung und macht diese Kastaniettenkäfer und ihren Holländer platt! Der Sieg wird unser sein und noch viele Jahre werden alle im Wald davon erzählen, wie die feinen Käfer aus Grönoble Weltmeister geworden sind. Hau Ruck! Hau Ruck! Hau Ruck!“

Und die Käfer aus Grönoble stoßen so fest sie können und freuen sich so sehr, als stünde Weihnachten vor der Tür. Sie sind so froh, dass sie spontan ein Lied anstimmen:

Die Käfer aus Grönoble sind so heiter
Werden heute die Weltmeister
Weil unsere Kugel ist so groß
Machen die sich in die Hos‘.

Rollt die Kugel, rollt die Kugel, rollt die Kugel vor! Vor! Vor!
Rollt die Kugel, rollt die Kugel, rollt die Kugel vor! Vor! Vor!
Immer mehr Käfer stimmen in das Lied ein, sodass ein mächtiger Chor entsteht und ihr Gesang bis weit in den Wald dringt.
So weit, dass sogar die Käfer aus Kastanietta ihn hören. Das lassen sie sich nicht gefallen. Jetzt fangen auch sie an zu singen:
Kastanietta heißt die Stadt
Die den Titel schon bald hat
Wenn sich wer mit uns anlegt
Wird er einfach weggefegt.
Rollt die Kugel, rollt die Kugel, rollt die Kugel rollt! Rollt! Rollt!
Rollt die Kugel, rollt die Kugel, rollt die Kugel rollt! Rollt! Rollt!
Und auch hier entsteht ein mächtiger Chor, der dem aus Grönoble nicht nachsteht.
Die Käfer aus Kastanietta erreichen als Erste die Lichtung und lassen sich erschöpft auf den Boden fallen. Sogar das Singen ist ihnen jetzt zu anstrengend.

Sie schauen in den dunklen Wald in die Richtung, aus der die Kugel aus Grönoble bald erscheinen sollte. Doch bisher ist noch nichts zu erkennen. Sie müssen aber schon ganz nahe sein, denn der Gesang dringt immer lauter zu ihnen durch.
… Rollt die Kugel, rollt die Kugel, rollt die Kugel vor! Vor! Vor!
Sie sind gespannt, wie groß die Kugel aus Grönoble sein wird. Doch die Kugel kommt noch immer nicht.
Stattdessen kommt etwas anderes. Etwas ganz anderes. Es kommt der Regen. Plötzlich scheinen alle Wolken ihre Schleusen zu öffnen und es strömt ein Regen nieder, wie sie ihn schon lange nicht mehr erlebt haben. Statt Regentropfen scheinen Wasserstrahlen vom Himmel zu schießen. Roland ruft seinen Freunden zu: „Auf die Kugel! Wir müssen die Kugel mit unseren Körpern so gut wie möglich abdecken. Es soll so wenig Wasser wie möglich auf der Kugel landen!"
Eigentlich hat Roland keine große Angst um die Kugel. Sie ist so gut und fest gebaut,

dass sie auch der starke Regen nicht zerstören wird. Aber das Wasser wird immer etwas Material abtragen und die Kugel damit ein wenig kleiner machen. Und wer weiß, wie knapp der Wettkampf am Ende wird.
Roland schaut sich nach Onkel Kubus um. Er will ihn nach seiner Meinung fragen. Da findet er ihn alleine mitten in der Lichtung stehend. Mit ausgebreiteten Armen lässt er den Regen auf sich niederprasseln. Onkel Kubus lacht laut und fängt plötzlich auch noch an, auf seinen dünnen Beinchen zu hüpfen und zu tanzen.
Einige Käfer machen sich sorgen um Onkel Kubus. Was ist los mit ihm? Ob er sich beim Rollen der Kugel zu sehr angestrengt hat?
Roland und Onkel Kubus schauen sich kurz in die Augen – und dann breitet auch Roland die Arme aus, fängt an zu lachen und zu tanzen, während der Regen auf ihn niedergeht.

Kapitel 13

Die Entscheidung

Hans ist gar nicht zum Lachen zumute. Der Regen ist ein paar wenige Minuten zu früh gekommen. Sie waren schon fast auf der Lichtung angekommen und hätten damit einen klaren Sieg davongetragen.
Aber jetzt hat das Wasser ihre Kugel stark beschädigt. Die harte äußere Schale der Kugel ist aufgeweicht und in erschreckend kurzer Zeit zerbrochen.
Jetzt trägt der starke Regen die weiche Schicht unter der zerbrochenen Schale ab. Die Kugel ist unförmig geworden und die Käfer können sie nicht mehr rollen. Sie haben deshalb keine Chance mehr, die Kugel bis zur Lichtung zu bringen.
Stattdessen müssen sie zuschauen, wie ihre riesige Kugel immer mehr zerstört und ihr sicher geglaubter Weltmeistertitel damit weggespült wird. Sie waren so nahe dran, dass sie sogar schon auf die Lichtung sehen

können. Dort erkennen sie zwei Käfer, die mit ausgebreiteten Armen im Regen tanzen.
Hans betrachtet wortlos, wie sein Meisterwerk davongespült wird.
Kalvin Klitzeklein hält sich seine durch den Regen nass und schwer gewordene Unterhose und weiß nicht, ob er bleiben oder nach Hause gehen soll.
Alle Käfer aus Grönoble stehen wortlos um die inzwischen sehr unförmige Kugel und warten darauf, dass Hans ihnen sagt, was sie jetzt machen sollen. Dieser steht reglos im Regen. Dann holt er tief Luft und ruft seinen Käfern zu: „Lasst uns zur Lichtung gehen und diesen käfrigen Käfern aus Kastanietta zeigen, dass wir auch verlieren können. Wir wollen ihnen zum Sieg gratulieren, wie es sich für einen fairen Wettkampf gehört. Ihr braucht euch nicht zu schämen. Ihr habt großartig gekämpft und hättet den Sieg ebenfalls verdient gehabt."
Einige der Käfer grummeln und sind von der Idee nicht so begeistert. Sie wollen lieber schnell und leise nach Hause und nie mehr

etwas von diesem Wettkampf hören. Aber sie sehen, wie Hans mit erhobenem Kopf alleine zur Lichtung geht und folgen ihm dann widerwillig und mit gesenkten Köpfen.
Roland und Onkel Kubus hören sofort auf zu tanzen, als sie Hans und die Käfer aus Grönoble aus dem Wald treten sehen. Sie bemerken natürlich, dass sie ohne Kugel gekommen sind, und vermuten, dass der Regen wohl die von ihnen erhoffte Wirkung hatte.
Kurz darauf stehen sich die Käfer aus beiden Dörfern gegenüber. Auf der einen Seite Roland und die Käfer aus Kastanietta und auf der anderen Hans und die Käfer aus Grönoble.
Wie auf ein unsichtbares Zeichen hin wird der Regen vorübergehend etwas schwächer und zwischen den Wolken dringt sogar ein Sonnenstrahl durch und erhellt die Lichtung. Hans tritt ein paar Schritte vor und spricht mit fester, stolzer Stimme: „Käfer aus Kastanietta. Wir haben es nicht geschafft, unsere Kugel bis zum Wettkampfplatz zu bringen. Wir müssen deshalb eingestehen, dass ihr

mit eurer Kugel gewonnen habt und demzufolge auch die Weltmeister seid. Wir gratulieren euch zu diesem Sieg."

Verhaltener Applaus ertönt aus den Reihen der Käfer aus Grönoble. Einige wenige verschränken nur die Arme und schauen unfreundlich.

Doktor Botscha möchte nun ebenfalls etwas sagen, aber Roland kommt ihm zuvor: „Liebe Käfer aus Grönoble. Wir freuen uns über diesen Sieg und danken euch für eure Gratulation. Dieser Wettkampf hat gezeigt, wozu Käfer imstande sind, wenn sie sich etwas vornehmen. Er hat auch gezeigt, wie unterschiedlich die Lösung für eine Aufgabe aussehen kann. Während wir in der Ferne nach Material gesucht haben, welches den Bau einer großen Kugel mit den uns bekannten Methoden ermöglicht, habt ihr ein völlig neues Verfahren entwickelt, um mit dem hier verfügbaren Material das gleiche Ziel zu erreichen. Wie uns Schmatz, der Spatz, berichtet hat, war eure Kugel gestern noch größer als unsere. Es wäre heute also ohne den Regen sicher spannend geworden. Ich danke euch für diesen Wettbewerb, nicht, weil wir jetzt Weltmeister sind, sondern weil wir in den letzten Tagen dadurch viele neue Freunde gewonnen haben. Und wir haben erfahren, wie wertvoll Freunde sind. Wir würden uns deshalb freuen, wenn wir auch alle Käfer aus Grönoble zu unseren Freunden zählen können. Was meint ihr?“

Roland macht einen Schritt auf Hans zu und streckt ihm als Zeichen der Freundschaft die Hand entgegen.

Hans zögert einen Moment. Dann macht er ebenfalls einen Schritt nach vorne und schüttelt Roland kräftig die Hand.

Beide fangen an zu lachen und klopfen sich gegenseitig auf die Schulter.

Bei dem Anblick brechen alle Käfer aus Kastanietta in Jubel aus und einen Moment später stimmen auch die Käfer aus Grönoble in den Jubel ein.

Jetzt sind doch alle froh und keiner fühlt sich als Verlierer, denn sie haben alle neue Freunde gewonnen.

Als sich der Jubel wieder etwas gelegt hat, klettert Doktor Botscha auf die große Kugel und ruft so laut er kann: „Lasst uns heute alle zusammen feiern. Ihr seid alle bei uns in Kastanietta eingeladen. Jeder kann sich ein Stück der Riesenkugel nehmen."
Und wieder jubeln alle und machen sich zusammen auf den Weg nach Kastanietta.
Der Regen hat weiter nachgelassen und mit etwas Glück wird heute doch noch ein wenig die Sonne scheinen.
Alle freuen sich und schwatzen durcheinander auf dem Weg zu einem wunderbaren Fest beim großen Kastanienbaum.

~ Ende ~

Danke, Anne,
für deine Unterstützung,
welche dieses Buch erst
möglich gemacht hat.

ISBN 978-3-7450-8634-8
9 783745 086348 00002
www.epubli.de